Sauerland

INHALTSVERZEICHNIS

Wald und Wasser
Im Land der 1.000 Berge

Natur im Überfluss bietet die abwechslungsreiche Mittelgebirgsregion mit ihren sanften Hügeln, dunklen Fichtenwäldern und weiten Seen am Rand des Ruhrpotts. Dazwischen blitzen romantische Fachwerkstädte hervor, die sich harmonisch in die ländliche Idylle einfügen. Das Sauerland – ein Paradies für Erholungssuchende.

NAMENSGEBUNG

Sehr leicht ruft der Begriff „Sauerland" falsche Assoziationen hervor. „Griesgrämig" und „hinterwäldlerisch" sind nur zwei der Interpretationen, gegen die sich das Sauerland lange Zeit wehren musste. Tatsächlich stammt der Name jedoch aus dem Mittelalter und leitet sich aus der damals gebräuchlichen Bezeichnung „Suderland" („das südliche Land") ab. Bis ins 19. Jh. hinein war der Begriff relativ unbekannt, da die Namen einzelner Bezirke verwendet wurden. Heute dagegen gilt der Name als wahres Markenzeichen für eine der schönsten Erholungsregionen in Mitteldeutschland.

Naturparadies

In sattem Grün zeigt sich das Erholungsparadies Sauerland. Liebliche Flusstäler, glitzernde Stauseen und bewaldete Berge prägen die Landschaft, die nahezu komplett von den fünf großen Naturparks Arnsberger Wald, Diemelsee, Ebbegebirge, Homert und Rothaargebirge bedeckt wird. Rund 5.000 km² groß ist die Bergregion, deren landschaftliche Schönheit sich am deutlichsten bei den atemberaubenden Ausblicken von einem der zahlreichen Berggipfel erschließt. Das „Land der 1.000 Berge", wie das Sauerland als Teil des Rheinischen

Schiefergebirges gerne bezeichnet wird stellt vor allem für Wanderer und Radfahrer, aber auch für Wintersportler und Ruhesuchende ein optimales Urlaubsziel dar.

Kultur und Brauchtum

Doch nicht nur die herrliche Natur macht den besonderen Reiz der Region aus – auch die trutzigen Burgen, die pittoresken Fachwerkdörfer und das kulturelle Leben verleihen dem Sauerland ein facettenreiches Flair. Echte Sauerländer Lebenslust entdeckt man auf einem der zahlreichen Feste die hier so gerne gefeiert werden. Stadtfeste, Märkte, Kirmes oder Schützenfeste – mehrmals im Jahr findet in den schmalen Gassen der historischen Altstädte oder auf den großen Festplätzen am Stadtrand ein buntes, ausgelassenes Treiben statt, das durch die Sauerländer Herzlichkeit zu einem unvergesslichen Erlebnis wird.

▶ *Die St. Patrokli-Kirche in Soest.*

STECKBRIEF

Lage:
▶ Mittelgebirgsregion im Südosten von Nordrhein-Westfalen, Ausläufer reichen bis nach Hessen

Fläche:
▶ Rund 5.000 km²

Verwaltung:
▶ Bundesland Nordrhein-Westfalen, Regierungsbezirk Arnsberg; Bundesland Hessen, Regierungsbezirk Kassel
▶ Landkreise: Märkischer Kreis, Olpe, Hochsauerlandkreis, Soest, Waldeck-Frankenberg

Bevölkerung:
▶ 900.000 Einwohner
▶ Erhebliche Unterschiede in der Bevölkerungsdichte: zwischen 140 Einwohner pro km² im dünn besiedelten Hochsauerlandkreis und knapp 430 Einwohner pro km² im Märkischen Kreis

Natur:
▶ Teil des Rheinischen Schiefergebirges
▶ 2.774 Berggipfel
▶ Fünf Naturparks: Arnsberger Wald, Rothaargebirge, Homert, Ebbegebirge, Diemelsee

Gebirge:
▶ Rothaargebirge, Saalhauser Berge, Ebbegebirge, Lennegebirge, Nordsauerland

Höchste Erhebung:
▶ Langenberg, 843 m ü. NN

Tourismus:
▶ Jährlich etwa 2,1 Mio. Tagesgäste
▶ Ca. 7 Mio. Übernachtungen

Klima:
▶ „Kälteinsel" Rothaargebirge
▶ Jahresniederschläge: in den Höhenlagen über 1.200 mm, in den Tälern 800–1.200 mm

Im Sauerland unterwegs
Die besten Reiserouten

Abwechslungsreich zeigt sich die Landschaft des Sauerlands: Malerische Städte entlang der Ruhr, sehenswerte Bergwerke und Tropfsteinhöhlen oder Ausflugsziele rund um die größte Talsperre, den Biggesee, stehen zur Auswahl. Es folgen ausgewählte Touren für Kurzreisen. Die Zahlen in den Karten geben an, wo sich die jeweiligen Ausflugsziele befinden.

Zwei Tage am Biggesee
Tag ❶: Olpe

Der erste Tag führt an den Südzipfel der größten Talsperre im Sauerland, an den Biggesee. Lebendig geht es in der schönen Altstadt am Marktplatz von Olpe zu, wo sich kleine Straßencafés aneinanderreihen. Besonders fröhlich sind die Markttage, an denen zahlreiche Händler regionale Köstlichkeiten anbieten. Ein ausführlicher Rundgang führt zu den schönsten Bauwerken der alten Stadt: dem Hexen- und Engelturm, den einzigen beiden Wehrtürmen der ehemaligen Stadtbefestigung, und der St. Martinus-Kirche, die seit einem Luftangriff im Zweiten Weltkrieg mit ihrem zerstörten Westturm als mahnendes Denkmal des Friedens gilt. Anschließend lockt die herrliche Natur des idyllischen Repetals noch zu einem sportlichen Ausflug. Im Hochseilgarten des Outdoor- und Adventureparks Repetal klettert man gut gesichert in verschiedenen Parcours zwischen den Baumwipfeln (siehe S. 102).

Tag ❷: Attendorn

Im Norden des Biggesees lädt die alte Hansestadt Attendorn zu einem ausgedehnten Bummel durch den mittelalterlichen Stadtkern ein.

▶ *Tour: Zwei Tage am Biggesee.*

Fachwerkhäuser säumen die Gassen, über denen der „Sauerländer Dom" aufragt, wie die Pfarrkirche St. Johannes Baptist auch genannt wird. Auf keinen Fall verpassen sollte man die Attahöhle, eine unterirdische Märchenwelt voller Tropfsteine, die in Jahrtausenden bizarre Felsformationen gebildet haben. Ein besonderes Souvenir ist der würzige Attakäse, der drei Monate in der Höhle reift. Direkt am Eingang der Schauhöhle steht im Anschluss auch schon die Kleinbahn Biggolino bereit, die gemütlich zum Biggesee „bummelt". An der größten Talsperre Westfalens kann

der Tag nun entspannt mit einem Sprung ins kühle Nass, einem aussichtsreichen Spaziergang am Ufer oder einer Rundfahrt über den See ausklingen (siehe S. 99).

Entlang der Ruhr in vier Tagen
Tag ❶: Arnsberg
In einer großen Schleife fließt die Ruhr durch die pittoreske Stadt, die gerne als historisches Eingangstor ins Sauerland bezeichnet wird. Hoch über der Stadt thronen die Ruinenreste eines prächtigen Renaissanceschlosses, das aus der Zeit der Kölner Erzbischöfe stammt. Mitten in der malerischen Altstadt befindet

7

sich das Sauerland-Museum, das Besucher zu einer spannenden Reise in die Vergangenheit einlädt. Von den ersten Besiedlungsspuren bis hin zur Gegenwart erfährt man spannende Geschichten, die Arnsberg geprägt haben. Nach dem Besuch locken die netten Gassen noch zu einem Bummel oder einer Einkehr (siehe S. 66).

Tag ❷: Meschede

Am zweiten Tag geht es weiter in das etwa 20 km entfernte Meschede. Mitten in der Altstadt, die zum Bummeln lockt, ragt die gotische St. Walburga-Kirche auf, die wertvolle Kunstschätze aus dem 9. Jh.

birgt. Ein Spaziergang führt zur romantischen Burgruine im Stadtteil Eversberg, die im 13. Jh. errichtet wurde. Bei schönem Wetter bietet sich anschließend der nahe gelegene Hennesee, eine der fünf großen Talsperren des Sauerlands, zu einem erfrischenden Bad, einer gemütlichen Ruderbootfahrt oder einem Picknick am Ufer an (siehe S. 71).

Tag ❸: Bestwig

Von Meschede aus führt unsere Reise weiter ruhraufwärts bis Bestwig. Seit dem Mittelalter ist die Stadt für den Bergbau bekannt. Einen Einblick in die Welt unter Tage bietet das Sauerländer Besucher-

▶ *Tour: Entlang der Ruhr in vier Tagen.*

bergwerk Ramsbeck – ausgestattet mit Schutzkleidung geht es mit der Grubenbahn hinab in den Stollen. Zwischen den engen Wänden wird deutlich, wie mühsam die Arbeit der Bergleute einst war. Danach führt uns der Aussichtsturm auf dem Bastenberg, der einst als Rauchgaskamin diente, hoch hinauf und ermöglicht einen herrlichen Blick über das Ruhrta (siehe S. 74).

Tag ❹: Olsberg

Die letzte Station unserer Reise entlang der Ruhr ist die Stadt Olsberg, die von einer traumhaften Bergkulisse – inklusive des 843 m ü. NN hohen Langenbergs – umgeben im oberen Ruhrtal liegt. Hier erwartet uns im Ortsteil Assinghausen ein wahres Bilderbuchdorf. Schön restaurierte Fachwerkhäuser säumen die Gassen und ein intensiver Rosenduft liegt über der schmucken Szenerie. 2006 wurde der Ort als „Rosendorf" ausgezeichnet, da das Dorfbild wesentlich von dem Blütenschmuck geprägt wird. Bekannt ist Olsberg außerdem für eine Vielzahl an Schlössern, die die Kölner Kurfürsten einst errichteten. Ein Besuch im Schloss Gevelinghausen bietet nicht nur einen Einblick in die historischen Gemäuer, sondern bildet gleichzeitig einen Ausklang der viertägigen Reise (siehe S. 43).

Übernachten
Hotels, Ferienwohnungen & Camping

Von romantischen Himmelbetten bis hin zum duftenden Heuboden reicht das Übernachtungsangebot, das Gäste im Sauerland erwartet. Gemütliche Ferienwohnungen, elegante Wellnesshotels, auf Wanderer spezialisierte Gasthöfe, Jugendherbergen und schön gelegene Campingplätze bieten für jeden Geschmack die passende Unterkunft.

WANDERGASTHÖFE

In der gesamten Region haben sich Beherbergungsbetriebe auf die Bedürfnisse von Wanderern spezialisiert und zum Netzwerk der „Sauerländer Wandergasthöfe" zusammengeschlossen. Neben Lunchpaketen, Ausrüstungsverleih und Trockenräumen bieten die Gasthöfe z. T. auch Gepäcktransporte und eine ausführliche Tourenberatung an.

Auskunft:
Sauerländer Wandergasthöfe e. V.
Poststraße 7, 57392 Schmallenberg
Tel.: 08 00 / 2 03 06 00
www.wandergasthoefe.de

Hotels & Ferienwohnungen
Jedes der beliebten Ferienzentren und auch viele der kleineren Ortschaften im Sauerland verfügen über mindestens ein Hotel, oft auch mehrere. Je nach Wunsch kann man sowohl in einer einfachen Unterkunft oder einem netten Zimmer als auch in einer gehobenen Hotelanlage unterkommen.
Gemütliches Flair verbreiten die kleinen Familienhotels, oft mit schönem Blick auf die bewaldeten Berggipfel. Entspannung pur erleben Gäste dagegen in einem der modern designten Wellness-Tempel, die häufig mit einer großen Saunalandschaft

aufwarten. Die Touristinformationen vor Ort helfen bei der Vermittlung und Buchung von Angeboten. Für alle, die sich im Urlaub gerne frei ausbreiten und abends selbst kochen wollen, empfiehlt sich auch eine der zahlreichen Ferienwohnungen als Quartier.

Jugendherbergen

Eine preisgünstige Übernachtungsalternative zu Hotels oder Ferienwohnungen sind die zahlreichen Jugendherbergen im Sauerland. Dank moderner Ausstattung und einem vielseitigen Freizeitangebot überzeugen die preiswerten Herbergen nicht nur Jugendliche, sondern auch immer mehr Familien, Gruppen oder Individualreisende. Besonders populär sind die Jugendherbergen, die sich in der Nähe der touristischen Highlights Biggesee, Möhnesee, Winterberg und Willingen befinden. Weit bekannt ist auch die Burg Altena, in der 1912 die erste Jugendherberge der Welt eröffnet wurde. Voraussetzung für eine Übernachtung ist die Mitgliedschaft in einem Jugendherbergsverband – diese gibt es auch für „Senioren" ab 27 Jahren. Eine Einzelmitgliedschaft beim Deutschen Jugendherbergswerk (DJH) kostet 12,50 €, ab 27 Jahren 21 €. Weitere Informationen unter www.jugendherberge.de.

Camping

Über das gesamte Sauerland verstreut finden sich zahlreiche große und kleine Campingplätze, meist in

bester Lage. Ob direkt an einem der vielen Seen, idyllisch am Waldrand oder in einem der lieblichen Täler – die unmittelbare Nähe zur Natur verleiht den modernen und gut ausgestatteten Plätzen ein ganz besonderes Flair. Die Angebotsspanne reicht dabei von familiären, naturbelassenen Zeltplätzen bis hin zu komfortablen Anlagen mit Einkaufs-, Sport-, Freizeit- und Wellnessmöglichkeiten. Urlauber, die mit einem Wohnmobil unterwegs sind, finden darüber hinaus auch spezielle Stellplätze und Servicestationen, die auf Durchreisende ausgerichtet sind.

Nützliche Internetlinks
www.sauerland.com
www.sauerland-travel.de
www.sauerlandhotels.de
www.seen-im-sauerland.de

Essen & Trinken
Deftig, herzhaft und experimentierfreudig

D ie typische Sauerländer Küche gilt als rustikal, deftig und eher fleischlastig. Pumpernickel, Bockwurst, Sauerbraten und „Potthucke" sind beliebte regionale Spezialitäten. Einst gerne als „Armeleuteküche" bezeichnet, zeigt sich die herzhafte Küche nun auch immer öfter experimentierfreudig.

SAUERLÄNDER SPEZIALITÄTEN

Pumpernickel – dunkles, saftiges Brot aus Westfalen
Bettelmann – süßes Ofengericht mit Äpfeln, Zimt, Rosinen und Pumpernickel
Hasenpfeffer – geschmortes Fleisch mit Pfeffer, Nelken und Lorbeer gespickt
Potthucke – im Topf gebackener Kartoffelteig mit Fleisch
Reibekuchen – Kartoffelpuffer
Sauerländer Krüstchen – Toast mit paniertem Schnitzel und Pilzen, darüber ein Spiegelei
Sauerländischer Eintopf – nahrhafter Eintopf aus Schweinefleisch, Bohnen, Kraut und Speck

Nahrhafte Küche

Was die Sauerländer in ihren Töpfen kochen, wächst seit jeher auf den Feldern vor ihrer Tür. Kartoffeln, Rüben, Kohl, Pilze und Getreide – wer früher tagsüber auf dem Feld schuften musste, brauchte abends eine sättigende, nahrhafte Mahlzeit. So entwickelte sich eine schlichte, aber gleichzeitig herzhafte Küche, die bis heute gern gegessen wird. Als typische Spezialität gilt „Potthucke", was übersetzt „Topfhocker" heißt: ein Kartoffelteig, der in einem Topf im Ofen gebacken und mit Zwiebeln, Sahne und Fleisch verfeinert wird.

Fleisch & Wild

Als eine der schönsten kulinarischen Jahreszeiten galt früher der Herbst mit den großen Schlachtfesten. Dann wurde Fleisch gepökelt, wurden Würste gemacht und Schinken eingelagert. Bis heute haben die Sauerländer ihre Vorliebe für deftige Wurst- und Fleischspezialitäten behalten. Auch deshalb gehen besonders die alteingesessenen Familien im Sauerland gerne auf die Jagd. In den großen Waldbeständen des Rothaargebirges oder im Arnsberger Wald sind Wildschweine, Rehe, Hirsche und Hasen beheimatet. Frisch aus den Wäldern wird das Fleisch zu traditionellen Gerichten wie „Wildpfeffer" oder „mit Äpfeln gefüllte Wildschweinbrust" weiterverarbeitet.

Fisch

Neben den beliebten Fleischgerichten gehört auch Fisch zur traditionellen regionalen Küche. Süßwasserfische wie Aale, Forellen, Saiblinge, Hechte oder Zander werden in den zahlreichen Flüssen und Seen im Sauerland geangelt und kommen anschließend gebacken, geräuchert oder gekocht auf den Tisch. Mit einem gültigen Angelschein können geduldige Touristen ihr Glück auch selbst versuchen und delikate Fische aus dem Wasser ziehen. Wem die Zeit dafür fehlt, kann das Angebot einiger Fischereibetriebe nutzen, die eigene Hofläden betreiben und dort frisch gefangenen Fisch verkaufen.

Sauerländer Bergkäse

Der Sauerländer Bergkäse sollte unbedingt probiert werden. Natürliche Zutaten, reine Handarbeit und ein mehrwöchiger Reifeprozess machen den Rohmilchkäse zu einem echten Gaumenschmaus. Bei einer Führung durch eine der Sauerländer Käsereien erfährt man, wie die frische Kuh- oder Ziegenmilch aus der Region unter strengen ökologischen Kriterien zu dem schmackhaften Käse mit dem besonderen Aroma verarbeitet wird.

Bier

Weltbekannt ist das Sauerland durch das einheimische Bier. 1,5 Milliarden Liter Bier stellen allein die drei großen Brauereien Warsteiner, Veltins und Krombacher pro Jahr her. Im Rahmen einer Brauereibesichtigung lernt man viel Wissenswertes rund um den Brauprozess – und natürlich sorgt ein „kühles Blondes" anschließend für Erfrischung. Daneben gibt es auch viele kleine Hausbrauereien, die häufig auch eine gemütliche Gaststube oder einen netten Biergarten besitzen. Hier lohnt sich eine Einkehr, bei der man ein frisch gezapftes Pils verkosten kann.

Sport & Freizeit
Wandern, Wasser & Wintersport

D ie abwechslungsreiche Sauerländer Landschaft ermöglicht das ganze Jahr über ein vielfältiges Sportangebot: Neben den typischen Sportarten wie Wandern und Radfahren bieten ausgefallene Wassersportmöglichkeiten, Nordic Walking-Strecken und schneesichere Skigebiete viele „Beweggründe" für aktive Besucher.

Wandern

Weit bekannt ist das Sauerland als beliebtes Wanderziel – Tausende Kilometer umfasst das gut ausgeschilderte Wegenetz in der bewaldeten Hügellandschaft. Entlang des Rothaarkamms führt der bekannte „Rothaarsteig", einer der schönsten Höhenwege in Europa. 154 km lang bietet der Premium-Wanderweg Naturerlebnisse und fantastische Panoramablicke. Quer durch den Arnsberger Wald verläuft die 240 km lange „Sauerland-Waldroute", auf der Infotafeln Wanderer in eine geheimnisvolle Märchen- und Sagenwelt entfüh-

▶ *Wanderparadies Sauerland.*

▶ *Gut sichtbare Schilder kennzeichnen die zahlreichen Wanderwege.*

ren. Von West nach Ost durchquert der über 250 km lange „Sauerland Höhenflug" die Region, auf dem die Fernblicke alle Anstrengungen entlohnen. Viele der Wanderwege haben sich zum „Bergwanderpark Sauerland" zusammengeschlossen (Ruhrstraße 32, 59939 Olsberg, Tel.: 0 29 62 / 9 73 70, www.bergwanderpark.de).

Radfahren

Knackige Anstiege, rasante Bergabfahrten und gemütliche Radwanderungen durch die idyllischen Flusstäler – Radfahren ist im Sauerland ein echtes Erlebnis. Geringe Steigungen erwarten Freizeitradler bei Touren entlang malerischer Täler. Dazu zählen z. B. der 230 km lange „RuhrtalRadweg", der von der Quelle bei Winterberg bis zur Mündung in den

FERNRADWEGE

Alme-Radweg: Immer am Fluss entlang führt der 70 km lange Radweg von Brilon über Alme bis ins Paderborner Land.
Diemel-Radweg: 110 km von der Quelle bis zur Mündung geht es immer an der Diemel entlang.
Kaiser-Route: 499 km lang ist die Verbindungsstrecke zwischen den beiden alten Kaiserpfalzen Aachen und Paderborn.
Lenneroute: Von der Quelle am Kahlen Asten bis zur Mündung der Lenne in die Ruhr führt die 150 km lange Strecke fast stetig bergab.
RuhrtalRadweg: Im Sauerland beginnt der 230 km lange Radweg, der bis nach Duisburg-Ruhrort führt, wo der Fluss in den Rhein mündet.
Rundkurs Ruhrgebiet: Wie vielfältig die Landschaft des Ruhrgebiets ist, wird auf dem 350 km langen Rundkurs deutlich.
SauerlandRadring: Tolle Ausflugsziele verbindet die 84 km lange Tour auf der Strecke Finnentrop–Eslohe–Schmallenberg–Lennestadt.

Rhein bei Duisburg verläuft sowie die 140 km lange „Lenneroute", die an der Lennequelle beginnt und an der Lennemündung in die Ruhr bei Hagen-Bathey endet. Auf alten Bahntrassen verläuft der „Sauerlandradring" 84 km lang mitten durch das Herz des Sauerlands. Eher sportlich ambitionierte Fahrer finden zwischen Berg und Tal ein vielfältiges Streckennetz. Tourenvorschläge in verschiedenen Schwierigkeitsgraden erhalten Mountainbiker, Rennradfahrer und auch Freizeitradler bei der „Bike-Arena Sauerland" (www.bike-arena.de).

Nordic Walking

Sanfte Hügel, federnde Waldwege und im Winter häufig auch glitzernder Schnee machen das Sauerland zu einem optimalen Nordic Walking-Gebiet. Viele Orte haben in ihren speziell auf Nordic Walking zugeschnittenen Zentren neben Kursen auch geführte Touren und ein umfangreiches Kartenmaterial im Angebot.

Golf

Schön in die hügelige Landschaft eingebettet liegt eine Reihe von attraktiven 9- und 18-Loch-Golf-plätzen. Als erschwerend kommt beim Golfen bisweilen der Wind hinzu, der in den höheren Lagen bläst. Eine Alternative bei Regen ist die Indoor-Golfanlage in Attendorn-Mecklinghausen im Hotel „Haus Schnepper" (Talstraße 19, Tel.: 0 27 22 / 98 44 00, www.hotel-schnepper.de).

Wassersport

Die zahlreichen Seen, Weiher und Flüsse bieten für Wassersport-fans ideale Bedingungen. Segeln, surfen, rudern, paddeln, tauchen und schwimmen – im Sommer werden die fünf großen Naherholungsgebiete Biggesee, Diemelsee, Hennesee, Möhnesee und Sorpesee gern besucht.

▶ *Bootsanlegestelle am Möhnesee.*

▶ *Auch im Winter gibt es zahlreiche Wandermöglichkeiten im Sauerland.*

Klettern

Bis vor einigen Jahren war Felsklettern im Sauerland wegen strenger Naturschutzauflagen kaum möglich. Erst in jüngster Zeit entstand durch die Einrichtung der „Kletterarena Sauerland" eine Möglichkeit, Sportklettern und Naturschutz miteinander zu verbinden. Naturfels und alte Steinbrüche werden nun dazu genutzt, stetig neue, naturverträgliche Kletterrouten zu erschließen. Darüber hinaus gibt es eine Vielzahl an Kletterhallen, die das vertikale Vergnügen auch bei schlechtem Wetter ermöglichen. Viel Luft unter den Füßen erleben auch Besucher in einem der Hochseilgärten, wie z. B. am Sorpesee und in Arnsberg, oder in Abenteuerparks.

Wintersport

Auch international ist das Sauerland als Wintersportgebiet bekannt. Auf der Winterberger Bobbahn, der Willinger Mühlenkopfschanze oder im Eissportstadion Iserlohn werden Wettkämpfe im Bobfahren, Skispringen und Eishockey ausgetragen. Zusätzlich warten Hunderte Pisten- und Loipenkilometer in der „Wintersportarena Sauerland" auf Skifahrer, Snowboarder und Langläufer. Schneekanonen und Flutlichtanlagen sorgen dafür, dass die Skigebiete sowohl schneesicher als auch abends befahrbar sind (Wintersportarena Sauerland, Am Kurpark 6, 59955 Winterberg, Tel.: 0 29 81 / 82 06 33, www.wintersport-arena.de).

Von A bis Z
Praktische Reiseinformationen

I nteressante Informationen, die wichtigsten Adressen und zahlreiche Tipps, die man für einen rundum gelungen Urlaub im Sauerland braucht – kurz zusammengefasst und auf das Wesentliche reduziert. Von A wie Anreise über I wie Internet, K wie Klima, N wie Notfall bis U wie Unterwegs im Sauerland.

Anreise mit dem Auto

Im Westen des Sauerlands verläuft die A45 zwischen Dortmund und Siegen, die auch als „Sauerlandlinie" bezeichnet wird. Von ihr führen Abfahrten nach Lüdenscheid und Olpe. Einen großen Bogen durch den nördlichen Teil des Sauerlands, vorbei an Soest, schlägt die A44 Dortmund – Kassel, von der die A46 über Arnsberg und Meschede Richtung Bestwig abzweigt. Über die Bundesstraßen B236 (Winterberg – Schmallenberg) und B251 (Willingen – Brilon) erreicht man den östlichen und südöstlichen Teil des Sauerlands.

Anreise mit Bus und Bahn

Mit dem Zug gelangt man über die Fernverkehrsbahnhöfe Dortmund und Hagen im Westen, Kassel-Wilhelmshöhe im Osten und Frankfurt am Main im Süden in das Sauerland. Ab Dortmund bestehen mit dem „Dortmund-Sauerland-Express" Verbindungen nach Arnsberg, Bestwig und Winterberg sowie nach Iserlohn, Soest und Lüdenscheid. Zwischen Hagen und Kassel fährt der „Sauerland-Express" mit Halt in Bestwig und Brilon. Auf der Strecke Hagen – Altena – Werdwohl – Finnentrop – Altenhundem – Siegen verkehrt die „Ruhr-Sieg-Bahn". Mit der „Upland-Bahn" kommt man von Brilon nach Willingen, während Schmallenberg nur mit dem Bus erreichbar ist.

Anreise mit dem Flugzeug

Große Flughäfen befinden sich im nordwestlich vom Sauerland gelegenen Dortmund und in Paderborn-Lippstadt im Nordosten. Etwas weiter entfernt sind die internationalen Flughäfen Köln/Bonn, Hannover und Frankfurt.

Auskunft

Sauerland-Tourismus e. V.
Johannes-Hummel-Weg 1
57382 Schmallenberg
Tel.: 0 29 74 / 20 21 90
www.sauerland.com

▶ *Touristinformation im Rathaus von Menden.*

Eintrittspreise

Im Vergleich zu anderen Ferienregionen gelten die Eintrittspreise von Sehenswürdigkeiten und Freizeitangeboten im Sauerland als relativ moderat. Ein Museumsbesuch kostet für eine vierköpfige Familie nur selten mehr als 10 €. Tagesskipässe für Erwachsene gibt es für etwa 20 €, Kinder zahlen ca. 13 €. Der Eintritt für eine der Höhlen liegt zwischen 4 und 7 €, für Kinder zwischen 3 und 5 €.

Ermäßigungen

Mit der „Sauerland-Card" können Gäste im Hochsauerlandkreis, im Kreis Soest sowie in den Städten Bad Berleburg, Lennestadt und Finnentrop Busse und Bahnen kostenlos nutzen. Zudem werden auf zahlreiche Freizeiteinrichtungen, Veranstaltungen und Sehenswürdigkeiten Ermäßigungen gewährt. Ausgehändigt bekommen Urlauber ihre persönliche „Sauerland-Card" direkt bei ihren Gastgebern in den Gemeinden Brilon, Diemelsee, Eslohe, Hallenberg, Medebach, Olsberg, Schmallenberg, Willingen und Winterberg oder bei der örtlichen Tourist-Information. Nach Bezahlung des Kurbeitrags ist die Karte für Gäste kostenlos.

Internet

Hilfreiche Informationen über das Sauerland zu verschiedenen Themen gibt es im Netz:

www.sauerland.com – Offizieller Internetauftritt der Sauerland Tourismus e. V. mit vielen praktischen Informationen für die ganze Region.
www.sauerland.info – Touristische Informationen mit Freizeitmöglichkeiten, Unterkunfts- und Pauschalangeboten.
www.sauerlandkurier.de – Online-Variante der größten Sauerländer Wochenzeitung mit Nachrichten, Veranstaltungshinweisen und aktuellen Neuigkeiten aus Wirtschaft, Handel und Gewerbe.
www.wetter-sauerland.de – Das aktuelle Wetter im Sauerland mit 4-Tages-Vorhersagen und Live-Webcams.
www.sauerland-reise.de – Informationen zu Wanderwegen im Sauerland.
www.seen-im-sauerland.de – Umfangreiche Informationen rund um die großen Naherholungsgebiete Diemel-, Möhne-, Bigge-, Henne- und Sorpesee.

Klima & Reisezeit

Im Sauerland herrscht ein ausgeglichenes Klima, zu dem die weiten Waldflächen in der Region beitragen. Die vorherrschenden Winde aus südwestlicher Richtung

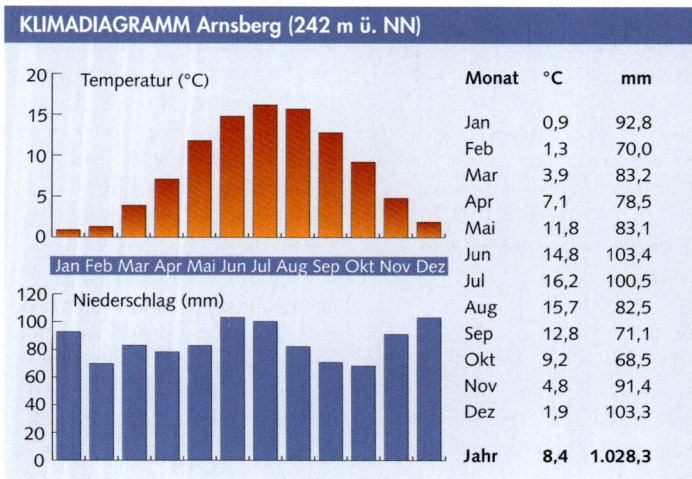

KLIMADIAGRAMM Arnsberg (242 m ü. NN)

Monat	°C	mm
Jan	0,9	92,8
Feb	1,3	70,0
Mar	3,9	83,2
Apr	7,1	78,5
Mai	11,8	83,1
Jun	14,8	103,4
Jul	16,2	100,5
Aug	15,7	82,5
Sep	12,8	71,1
Okt	9,2	68,5
Nov	4,8	91,4
Dez	1,9	103,3
Jahr	**8,4**	**1.028,3**

▶ *Wegweiser am Wegesrand.*

transportieren feuchtwarme Luft vom Atlantik heran, die besonders den westlichen Hochlagen viel Niederschlag beschert. Dank des gemäßigten Klimas eignet sich das Sauerland das ganze Jahr über gut für eine Reise. Während die Schatten spendenden Wälder im Sommer für eine angenehme Erfrischung sorgen, locken in der kalten Jahreszeit die schneesicheren Gebiete der östlichen Höhenzüge vor allem Wintersportler in die Region. Im Frühjahr und Herbst liegt über der ganzen Region eine frisch duftende Waldluft, die zu Aktivitäten im Freien anregt.

Notfall

Polizei, Tel.: 110
Feuerwehr, Tel.: 112
Pannenhilfe ADAC, Tel.: 01 80 /
2 22 22 22 (Festnetz),
Tel.: 22 22 22 (Mobil)

Öffnungszeiten

Die meisten Läden im ländlich geprägten Sauerland schließen bereits um 18 oder 19 Uhr. Eine Ausnahme bilden die Supermärkte, die vielerorts bis 20 Uhr geöffnet haben. Da die Öffnungszeiten der Museen und Freizeiteinrichtungen z. T. stark variieren, sollte man sich im Vorfeld am besten telefonisch informieren.

Unterwegs im Sauerland

Auto: Folgende Faustregel kann man sich für Autofahrten im Sauerland merken: Für 50 km benötigt man eine Stunde. Grund dafür sind die kurvenreichen Landstraßen, auf denen zudem noch viele LKWs unterwegs sind.

Motorrad: Die schönen Landstraßen und abgelegene kleine Sträßchen, die sich durch die idyllische Hügellandschaft schlängeln, machen das Sauerland zu einem beliebten Ziel von Motorradfahrern. Tourenvorschläge, nützliche Werkstätten, Informationen zu Bikertreffs und Unterkunftsmöglichkeiten, die sich auf Motorradfahrer spezialisiert haben, findet man unter www.bikers-world-sauerland.de.

ÖPNV: Wer mit öffentlichen Verkehrsmitteln im Sauerland unterwegs ist, sollte sich vorher über die Abfahrtszeiten informieren. Eine automatische Ansage der Fahrpläne erhält man unter Tel.: 01 80 / 3 50 40 30. An den Wochenenden verkehren für Feierlustige auch Nachtbusse in die abgelegenen Dörfer.

Geschichte
Erzfunde, Grafschaften und Tourismus

Erste Besiedlungsspuren des Sauerlands reichen bis in die Altsteinzeit zurück – bereits damals boten die Höhlen den Menschen Unterschlupf. Jahrhunderte später erlebte die Region aufgrund von Eisenvorkommen eine vorindustrielle Blütezeit. Nachdem die Produktionsstätten ins benachbarte Ruhrgebiet verlagert wurden, gewann der Tourismus immer mehr an Bedeutung.

Ab 800 v. Chr.
Erste Eisenerzvorkommen im Sauerland werden geschürft.

500 v. Chr.
In der Eisenzeit besiedeln keltische Stämme die Gegend und errichten unter anderem die Wallburganlage an den Bruchhauser Steinen.

Um Christi Geburt
Ein römisches Militärlager entsteht bei Rüthen.

1. Jh. n. Chr.
Germanische Stämme lassen sich am rechtsrheinischen Ufer, direkt hinter der Grenze des Heiligen Römischen Reiches, nieder.

7. Jh.
Die Sachsen dringen aus Norddeutschland in die Region vor.

772
Karl der Große erobert die Stadt Marsberg und unterwirft die Sachsen. Erstmalig wird der Name „Westfalen" urkundlich erwähnt.

8./9. Jh.
Durch die einsetzende Christianisierung werden erste Klöster und Pfarreien gegründet.

10. Jh.
Entstehung der Grafschaften Arnsberg und Mark sowie des Erzbistums Köln.

1188
Nach der Ächtung von Herzog Heinrich dem Löwen werden seine Besitztümer neu aufgeteilt – sowohl das märkische als auch das kurkölnische Sauerland gewinnen an Einfluss.

1288
Die Schlacht von Worringen stoppt den Kölner Vormarsch.

1368
Graf Gottfried IV. von Arnsberg verkauft seine Ländereien an Westfalen.

1444 – 1449
Während der „Soester Fehde" erkämpft Soest die Unabhängigkeit vom Erzbischof in Köln.

1618 – 1648
Im Dreißigjährigen Krieg kommt die Wirtschaft, die unter preußischer Herrschaft aufblühte, wieder zum Erliegen.

18. Jh.
Die gesamte Region erlebt aufgrund großer Eisenerzfunde eine vorindustrielle Blütezeit.

1815
Das Herzogtum Westfalen und die Grafschaft Mark fallen an Preußen.

1849
Im Mai findet der „Iserlohner Aufstand" gegen die preußische Obrigkeit statt.

19. Jh.
Im Zuge der Industrialisierung wird das Sauerland neben dem Rhein- und Ruhrgebiet zu einem der wichtigsten Wirtschaftsstandorte in Deutschland.

1946
Nach Ende des Zweiten Weltkrieges fällt das Sauerland zusammen mit dem Siegerland, Wittgenstein und der Soester Börde an das neue Bundesland Nordrhein-Westfalen.

1969 – 1975
Im gesamten Sauerland erfolgt eine Neugliederung – zahlreiche kleine Gemeinden werden zu großen kommunalen Einheiten zusammengeschlossen.

Zweite Hälfte des 20. Jh.
Der einsetzende Tourismus wird zu einem wichtigen Wirtschaftszweig des Sauerlands.

2007
Zusammenschluss des Hochsauerlandkreises, des Märkischen Kreises und der Kreise Soest, Olpe und Siegen-Wittgenstein zur Region „Südwestfalen".

2009
Der 109. Deutsche Wandertag findet in Willingen/Upland statt.

Kunst & Kultur
Burgen, Schieferplatten und Bergbau

Malerische Burgen und Schlösser blitzen zwischen grünen Bäumen hervor, während sich schmucke Fachwerkhäuser zu idyllischen Dörfern gruppieren. Eine Vielzahl an Museen, tiefen Bergwerken und kunstvollen Schmiedeerzeugnissen erwartet Besucher, die den Charme der Sauerländer Kultur kennenlernen möchten.

Golddörfer

Stolze 18 Orte wurden im Sauerland zu sogenannten „Bundesgolddörfern" ernannt, nachdem sie eine Goldmedaille beim Bundeswettbewerb „Unser Dorf soll schöner werden" gewonnen hatten. Seit 1965 findet der vom Bundesministerium für Ernährung, Landwirtschaft und Verbraucherschutz ausgeschriebene Wettbewerb statt. Entscheidende Kriterien sind dabei nicht nur die geschmückten Dorfplätze und malerischen Altstädte voll Sauerländer Charme, sondern vor allem das freiwillige Engagement der Bürgerinnen und Bürger. Rund um Schmallenberg führt eine 47 km lange „Golddörferroute" zu den prämierten Dörfern Oberhenneborn, Holthausen, Oberkirchen und Grafschaft.

Architektur

Schieferplatten und Fachwerkholz sind typische Elemente der Sauerländer Architektur. Bereits im 18. Jh. wurde der in der Region abgebaute Schiefer für Dachplatten verwendet – Wohlhabende verkleideten ihre Häuser sogar rundum mit den dunkelgrauen Steinplatten. Dazwischen blitzen die malerischen Fachwerkhäuser hervor, deren

schwarze Balken häufig mit Sinn-
sprüchen verziert sind. Auffallend
oft wird dabei die Heilige Agatha,
die Schutzpatronin der Feuerwehr,
genannt, was auf die zahlreichen
Stadtbrände in früheren Zeiten
zurückzuführen ist.

Museen

Anstatt in einem großen Sauerland-
Museum wird das kulturelle Erbe
der Region in einer wahren Museumslandschaft präsentiert. Vielfältig
und manchmal auch exotisch wirkt
das Angebot, das vom Afrika-Museum Vogt in Olsberg-Gevelinghau-
sen über das Schwertspatmuseum
in Dreislar bis hin zum Klostergar-
tenmuseum in Oelinghausen reicht.
Da häufig Ehrenamtliche oder Hei-
matvereine die Museen betreiben,
können die Öffnungszeiten z. T.
stark variieren.

▶ Fachwerkhäuser rund um die Kirche in
Drolshagen.

SCHMIEDEKUNST

Die Sauerländer sind stolz auf ihre
lange Tradition der Metallverarbeitung.
Statt maschinellen Erzeugnissen ist
heute wieder echte Handarbeit gefragt,
denn in der Region hat sich ein blühendes Kunsthandwerk entwickelt. Aus
Eisen, Stahl, Kupfer, Bronze und Gold
werden Skulpturen, Brunnen, Wohn-
accessoires und Schmuck hergestellt.

Burgen und Schlösser

An die vergangenen Zeiten der
Ritter und Burgfräuleins erinnern
die prächtigen Schlösser und
trutzigen Burgen, die hoch oben
auf den bewaldeten Hügeln über
den Flusstälern thronen. Viele der
imposanten Herrensitze werden
heute als historische Kulisse für
Kunst- und Kulturveranstaltungen
genutzt oder stehen als Museen für
Besucher offen. Weit bekannt ist die
Burg Altena, in der 1912 die erste
Jugendherberge der Welt eröffnet
wurde.

Schaubergwerke

Einen Ausflug in die Geschichte des
Erzbergbaus bietet ein Besuch in
einem Schaubergwerk. Nachdem
in den Hügeln des Sauerlands Erz
gefunden wurde, etablierte sich
ein neuer Industriezweig in der
Region: die Eisengewinnung und
-verarbeitung. Bei einer Fahrt mit
der Grubenbahn durch die Stollen
und Schächte erfahren Besucher
Wissenswertes über den einstigen
Abbau von Eisen, Blei und Zink.

Feste & Feiern
Blechbläser, Kirmes und Sport

Besonders im Sommer ist der Veranstaltungskalender des Sauerlands voll: Neben spannenden Sportwettkämpfen locken vor allem Jahrmärkte, Stadtfeste und Kulturveranstaltungen Besucher in die Region. Brauchtum und eine fest verankerte Tradition stehen bei den weit verbreiteten Schützenfesten, den Karnevalsumzügen oder auch dem „Schnadezug" im Mittelpunkt.

Brauchtum

In nahezu jeder Gemeinde im Sauerland wird einmal im Jahr ein großes Schützenfest veranstaltet. Dieses Brauchtum hängt mit der langen Geschichte der Schützen zusammen. Im Mittelalter bekamen zahlreiche Orte das Stadtrecht verliehen und mussten fortan eine eigene Bürgerwehr stellen. Dazu schlossen sich die Schützen zu großen Bruderschaften zusammen. Heute gibt es rund 350 Schützenvereine mit mehr als 160.000 Mitgliedern, die an schönen Wochenenden häufig bei einem Schützenumzug anzutreffen sind.

Der Höhepunkt eines jeden Festes ist das sogenannte „Königsschießen", bei dem Holzvögel als Ziel dienen. Derjenige, dem es gelingt, den Holzvogel abzuschießen, wird anschließend als Schützenkönig gefeiert.

Schnadezug

Eine lange Tradition hat auch der „Schnadezug". Schon im Jahr 1388 begannen die Bewohner von Brilon regelmäßig ihre Stadtgrenzen zu kontrollieren – der Dialektbegriff „Schnade" bedeutet Grenze. Bis heute findet der historische Grenzgang statt. Alle zwei Jahre laufen im

▶ Natürlichen Festschmuck trägt das *Rosendorf Assinghausen.*

Juni mehr als 3.000 Männer einen Teil der Stadtgrenze ab – Frauen ist die Teilnahme verboten. Begleitet werden die Grenzgänger von orts-ansässigen Schützen, die früher den

FESTE IM JAHRESKREIS

Februar
▶ „Weltcup-Skispringen" im Wintersportzentrum Willingen auf der Mühlenkopfschanze

März/April
▶ „Arnsberger Osterfeuer" am Karfreitag auf dem Kreuzberg
▶ Während der „Krachnacht" in Hallenberg zieht eine schaurige Prozession durch die Gassen des dunklen Orts

Mai
▶ Einen Tag und eine Nacht dauert die Wanderung „Bödefelder Höllenmarsch"
▶ Verschiedene Mottos hat der „Bördetag" in Soest, mit verkaufsoffenem Sonntag, Markt und Unterhaltung
▶ Höhepunkt der „Arnsberger Woche" ist das Abschlusskonzert auf dem Schlossberg

▶ Auf der Hüstener Kirmes.

FESTE IM JAHRESKREIS

► Beim „Dirt-Masters-Festival" zeigen Mountainbiker spektakuläre Sprünge, rasante Rennen und vieles mehr im Bikepark Winterberg

Juni

► „Seenachtsfest" am Biggesee mit Beachparty, Sommerfeeling und Feuerwerk

► Beim „Brilon Open Air" finden in den Straßen der Stadt Konzerte und Theaterstücke statt

► „Gauklerfest Attendorn" mit Comedy, Unterhaltung und Konzerten in der historischen Altstadt

► Downhill-Rennen, Marathon und eine große Messe gibt es beim „Bike-Festival" in Willingen

Juli/August

► Beim „Internationalen Kunstsommer Arnsberg" wird die gesamte Stadt zum Atelier

► Traditionsreiches Volksfest „Wendsche Kärmetze" in Wenden

► „Drachenbootrennen" am Biggesee

► Mit einem riesigen Feuerwerk endet das Seefest „Sorpe in Flammen" in Sundern

September/Oktober

► Ein beliebtes Spektakel ist das Volksfest „Hüstener Kirmes"

► Das größte Blechbläserfestival in Deutschland: der „Sauerland Herbst"

November/Dezember

► In den Gassen von Soest findet die „Allerheiligenkirmes Soest" statt

► Weihnachtsmärkte in verschiedenen Städten

Grenzverlauf verteidigen mussten, wenn es zu Unstimmigkeiten zwischen zwei Nachbarn kam. Damit auch jeder die genaue Grenze

► *Umzug beim Schützenfest in Meinerzhagen.*

kennt, werden Neulinge an einem Grenzstein „stutzgeäst" - also dreimal mit dem „Allerwertesten" gegen den Grenzstein gestoßen und anschließend sanft darüber geworfen. Außer in Brilon finden die Schnadezüge auch in Meschede oder Arnsberg-Neheim statt.

Karneval

In den ehemals kurkölnischen Gebieten gilt der Karneval als wichtiges Fest. Im Unterschied zum Rheinland gibt es im Sauerland jedoch keinen einheitlichen Karnevalsgruß – neben „Alaaf" ruft man genauso gern „Helau". Besonders die Rosenmontagsumzüge zählen zu den Höhepunkten der Saison. Einer der längsten Umzüge des Sauerlands führt durch den Brauereiort Warstein. Auch die Weiberfastnächte, be denen verkleidete Frauen die Rathäuser stürmen und Krawatten abschneiden, finden großen Anklang. Eine Karnevalshochburg, die gerne auch als „Klein-Köln" bezeichnet wird, ist Attendorn am Biggesee. Der närrische Rosenmontagsumzug ist hier speziell auf Kir der zugeschnitten und wird von einem Kinderprinzen angeführt.

Karl-May-Spiele in Elspe

Jeden Sommer erleben Winnetou und Old Shatterhand auf der Freilichtbühne in Elspe spannende Abenteuer. Frei nach Karl May werden bekannte Geschichten wie „Der Schatz im Silbersee", „Der Ölprinz" und „Im Tal des Todes" aufgeführt. Ein „echter" Westernsaloon, ein

Indianerdorf und viele andere liebevoll gestaltete Requisiten versetzen die Zuschauer zurück in die Zeit des Wilden Westens (Elspe Festival, Zur Naturbühne 1, 57368 Lennestadt-Elspe, Tel.: 0 27 21 / 9 44 40, www.elspe.de).

▶ *Die Karl-May-Spiele in Elspe.*

Natur & Umwelt
Berge, Wald und Seen

Vielseitig zeigt sich die Landschaft im Naturparadies Sauerland – dunkle Fichtenwälder, sanfte Hügel, liebliche Flusstäler und weite Seen machen den Reiz der Region aus. Fünf große Naturparks, die nahezu das gesamte Sauerland bedecken, bewahren die Landschaft, die vor allem Ruhe- und Erholungssuchende in ihren Bann zieht.

Urmeer

Bis vor Jahrmillionen bedeckte ein flaches Urmeer die gesamte Region, in der das Sauerland liegt. Noch heute zeugen die verschiedenen Gesteinsschichten von den alten Riff- und Lagunenablagerungen. Erst während der Auffaltung des Rheinischen Schiefergebirges entstand auch die Sauerländer Hügellandschaft. Bis heute dauert die Hebung des Schiefergebirges – und mit ihm auch die des Sauerlands – an. Einen faszinierenden Einblick in die geologischen und auch kulturellen Schätze der Region bietet der „GeoPark GrenzWelten" mit zahlreichen Anschauungsbeispielen der erdgeschichtlichen Entstehung (Südring 2, 34497 Korbach, Tel.: 0 56 31 / 95 43 13, www.geopark-grenzwelten.de).

Bergregion

Im Osten des Sauerlands ragen die Höhenzüge des sogenannten „Süderberglands" auf. Das Waldgebirge ist ein Teil des Rheinischen Schiefergebirges und in mehrere Höhenzüge gegliedert. Neben dem Rothaargebirge und der Homert gehören auch das Ebbegebirge, das Lennegebirge und der Arnsberger Wald zum „Dach der Region".

Der Langenberg (843 m ü. NN), der Hegekopf (842 m ü. NN) und der Kahle Asten (841 m ü. NN) sind die höchsten Berge des Sauerlands und liegen allesamt im Rothaargebirge.

Flüsse und Seen

Aufgrund der zahlreichen Flüsse, Bäche und Seen wird das Sauerland auch gerne als Quellenland bezeichnet. Nördlich von Winterberg entspringt beispielsweise die Ruhr, die nach rund 200 km bei Duisburg in den Rhein mündet. In Nord-Süd-Richtung verläuft außerdem die Rhein-Weser-Wasserscheide. Da vor allem im Ruhrgebiet der Trink- und Brauchwasserbedarf für die Industrie stark zunahm, wurden am Unterlauf der Ruhr zahlreiche Talsperren errichtet. Damit der Unterlauf stets über einen ausreichenden Wasserstand verfügt, stauen die Talsperren in den Wintermonaten das Wasser und lassen es im Sommer kontrolliert abfließen. Die größten Stauseen der Region sind der Biggesee, der Sorpesee, der Hennesee, der Möhnesee und der Diemelsee. Diese werden im Sommer auch gerne als Naherholungsgebiete mit vielfältigen Freizeitmöglichkeiten genutzt.

Fünf Naturparks

Das Sauerland wird beinahe vollständig durch fünf große Naturparks abgedeckt. Insgesamt 3.500 km² nehmen die Naturparks Arnsberger Wald, Diemelsee, Ebbegebirge, Homert und Rothaargebirge ein. In allen fünf Schutzgebieten lassen sich abwechslungsreiche Landschaftsbilder und eine vielfältige Flora und Fauna entdecken. Auf gut gepflegten Wanderwegen

▶ *Zahlreiche Vogelarten leben am Möhnesee.*

können Besucher anhand von Informationstafeln die faszinierenden Naturräume bis ins Detail erkunden. Zwischen Möhne und Ruhr liegt der Naturpark Arnsberger Wald, in dessen dichtem Wald einer der größten Rotwildbestände Deutschlands beheimatet ist. Der Naturpark Diemelsee ist nach dem großen Stausee benannt, der im Zentrum des Schutzgebietes liegt.

Im Südwesten des Sauerlands befindet sich der Naturpark Ebbegebirge, der 1964 mit dem Bau der Biggetalsperre eröffnet wurde. Zahlreiche Wanderwege führen durch die idyllische Waldlandschaft des Mittelgebirges. Wald- und Heideflächen, Flusstäler und bizarre Felsformationen prägen den Naturpark Homert, der von der Lenne im Südwesten und der Ruhr im Nordosten begrenzt wird. Faszinierende

Höhlen und die Naherholungsgebiete Sorpesee und Hennetalsperre sind die Aushängeschilder des Schutzgebietes. Einer der größten Naturparks in Nordrhein-Westfalen ist der Naturpark Rothaargebirge, der sich über das Hochsauerland erstreckt. Vor allem der bekannte „Rothaarsteig", ein 154 km langer Höhenwanderweg, lockt zahlreiche Besucher in das Gebiet.

Info-Adressen der Naturparks:
Naturpark Arnsberger Wald
Hoher Weg 1–3, 59494 Soest
Tel.: 0 29 21 / 3 00
www.naturpark-arnsberger-wald.de

Naturpark Diemelsee
Waldecker Str. 12
34508 Willingen
Tel.: 0 56 32 / 40 11 62
www.naturpark-diemelsee.de

▶ *Bizarre Tropfsteinformationen der Attahöhle in Attendorn.*

Naturpark Ebbegebirge
Westfälische Straße 75, 57462 Olpe
Tel.: 0 27 61 / 8 12 80
www.naturpark-ebbegebirge.de

Naturpark Homert und
Naturpark Rothaargebirge
Am Rothaarsteig 1, 59929 Brilon
Tel.: 0 29 61 / 94 32 23
www.naturpark-homert.de
www.naturpark-rothaargebirge.de

Höhlen

Als Teil des Rheinischen Schiefergebirges ist das Sauerland reich
an Tropfsteinhöhlen. Das größte
Höhlensystem in Deutschland ist
die Attahöhle in Attendorn, in der
über Jahrmillionen geformte, bizarre
Stalagmiten und Stalaktiten beeindrucken. Eine der schönsten Höhlen
ist die Dechenhöhle bei Iserlohn, die
im Jahr 1868 entdeckt wurde. Ihre
außergewöhnliche Tropfsteinvielfalt
und prähistorische Tierfunde machen sie zu einem wahren Besucher-
magneten. Sehenswert sind auch
die Heinrichshöhle, die Reckenhöhle
oder der Venetianerstollen.

Flora und Fauna

Dichte Wälder bedecken weite
Teile der hügeligen Landschaft des
Sauerlands. Der ursprüngliche Laub-
wald, der sich bis ins Mittelalter
über die gesamte Region erstreckte,
wurde im Zuge der Eisenverhüttung und landwirtschaftlichen
Entwicklung nahezu vollständig
gefällt. Erst Mitte des 19. Jh.
begann die großflächige Auffors-

KYRILL

Im Januar 2007 zerstörte der Orkan
Kyrill rund 50.000 Hektar Wald im Sauerland. Einige Kahlschlagflächen sind
auch heute noch so erhalten, wie der
Sturm sie hinterlassen hat. Auf vielen
„Kyrill-Pfaden", wie beispielsweise in
Schmallenberg-Schanze oder in Sundern, können Besucher so unmittelbar
entdecken, welches Chaos Kyrill ange-
richtet hat und wie sich die Natur ohne
menschlichen Eingriff wieder erholt.

tung mit Fichtenwäldern, die das
heutige Landschaftsbild prägen. Die
Fichtenmonokulturen sind jedoch
anfällig für Stürme wie den Orkan
„Kyrill". Deutlich widerstandsfähi-
ger zeigen sich Mischwaldbestände,
die deshalb nun an vielen Kahlschlagflächen gepflanzt werden. In
den Waldgebieten lassen sich mit
etwas Glück heimische Wildtiere
wie Rot-, Dam- oder Muffelwild
beobachten. Auch Füchse, Dachse
und Marder sind im Sauerland weit
verbreitet. Ein gänzlich anderes
Landschaftsbild bieten die durch re-
gelmäßige Beweidung entstandenen
Hochheiden. Heidelbeere, Heide-
kraut und Drahtschmiele prägen die
Heideflächen, die z. B. am Kahlen
Asten unter Naturschutz stehen.
Entlang der Flussauen und bei den
Stauseen finden Fischreiher, Stock-
und Reiherenten Nistplätze. Auch
Greifvögel wie Sperber, Turmfalken
und der vom Aussterben bedrohte
Wanderfalke sind in der Naturidylle
des Sauerlands beheimatet.

Nördlich der Ruhr
Handelsstädte, Wald und Bier

Pittoreske Altstädte, weitläufige Waldgebiete und historische Bergbauwerke prägen den Norden des Sauerlands. Neben der malerischen Hansestadt Soest gilt auch das Freizeitparadies Willingen im hessischen Upland als Tourismusmagnet. Weltweit beliebt sind außerdem die gigantischen Biermassen, die in Warstein gebraut werden.

► SOEST

48.500 Einwohner   (S. 181, F2)

Hansestadt

Über 1.100 Jahre alt ist die malerische Stadt, die im Mittelalter zu den bedeutendsten Handelsstädten in Europa zählte. Von Soest aus wurden Waren nach ganz Europa transportiert – was der Stadt am Hellweg zu einer großen Blüte verhalf. Vor allem der günstigen Lage in der Soester Börde verdankte die Stadt ihren Haupterwerbszweig, die Salzgewinnung. Daneben spielte auch die Eisenverarbeitung eine wichtige Rolle. Von der großen Bedeutung, die Soest zur damaligen Zeit spielte, zeugt auch das alte Soester Stadtrecht. Als Vorbild für das lübische Recht verbreiteten sich die Soester Richtlinien von der Hansestadt Lübeck aus im ganzen Ostseeraum. Heute gilt Soest als eine der schönsten, mittelalterlichen Städte in ganz Westfalen.

Historischer Stadtkern

Eng und verwinkelt winden sich die pittoresken Kopfsteinpflastergassen durch den mittelalterlichen Stadtkern von Soest, in dem die vergangenen Jahrhunderte noch lebendig zu sein scheinen. Eine Besonderheit ist die alte Stadtbefestigung, die das malerische Zentrum auch heute noch fast komplett umschließt. Hinter den alten Mauern prägen schmucke Fachwerkhäuser das Bild, zwischen denen imposante Kirchtürme aus Grünsandstein aufragen. Besonders schön zeigt sich die Stadtsilhouette bei einem Spaziergang auf dem alten Stadtwall – vor allem im Frühjahr, wenn Bäume und Sträucher auf den zahlreichen Balkonen und Grünflächen der Altstadt blühen. Im November findet in den Gassen und Plätzen des malerischen Stadtzentrums übrigens die **Allerheiligenkirmes** statt, die größte Altstadtkirmes in Europa. Dann herrscht in Soest fünf Tage lang der Ausnahmezustand. Es wird ausgelassen auf der Kirmes und später in den Kneipen bis in die frühen Morgenstunden gefeiert. Selbst viele ehemalige Soester reisen extra für diese tollen Tage zurück in ihre alte Heimat.

Baudenkmäler

An die einflussreiche Hansezeit der Stadt erinnern zahlreiche bedeutende Bauwerke in der Altstadt. Dazu zählt das imposante **Osthofentor**, das letzte von ehemals zehn Stadttoren. Heute befindet sich in dem mächtigen Gebäude aus dem 16. Jh. eine Sammlung mittelalterlicher Armbrustbolzen, mit denen sich Soest gegen feindliche Angriffe verteidigte. Als Wahrzeichen der Stadt gilt der mächtige Turm der romanischen **St. Patrokli-Kirche**, der sich mitten in der Altstadt erhebt.

82 m hoch ist der wuchtige Grünsandsteinturm, der vor rund 800 Jahren erbaut wurde.
Zu den schönsten gotischen Hallenkirchen in ganz Deutschland zählt die **Kirche St. Maria zur Wiese**, deren auffallende Doppeltürme schon von Weitem sichtbar sind. Besonders schön ist die Lichtstimmung im Inneren des Sakralbaus, die durch kunstvoll gestaltete, filigrane Fenster bestimmt wird. Die älteste Kirche im gesamten Stadtgebiet ist **St. Petri**, die im 8. Jh.

▶ *Blick auf das Osthofentor, eines der historischen Stadttore.*

errichtet wurde. Kunstvoll verziert ist besonders das Nordportal der sogenannten „Alden Kerke", im Inneren beeindrucken zudem auch gotische Wandmalereien.

Aus dem 12. Jh. stammt die romanische **Nikolaikapelle,** die sich nur wenige Meter vom Patroklidom entfernt befindet.

Museen

Wie vielfältig die Vergangenheit von Soest ist, wird anhand seiner spannenden Museumslandschaft deutlich. Im **Burghofmuseum,** einem historischem Patrizierhaus, wird die Stadtgeschichte lebendig. Von der frühen Steinzeit über die mittelalterliche Handelsstadt bis hin zur modernen sakralen Kunst gibt es hier viel zu entdecken (Burghofstr. 22, Tel.: 0 29 21 / 3 45 03 24, Di bis Fr 10–12 Uhr und 15–17 Uhr, Sa + So 11–17 Uhr, Erwachsene 2 €, ermäßigt 1 €).

Spannend ist auch ein Besuch im **Grünsandsteinmuseum** – hier erfährt man, woher der bekannte Soester Sandstein stammt, der als bauliches Markenzeichen der Region gilt (Walburgerstraße 56, Tel.: 0 29 21 / 1 50 11, www. gruensandsteinmuseum.de, Mo bis Sa 10–17 Uhr, So 14–17 Uhr, Eintritt frei).

Rund um expressionistische Kunst dreht sich alles im **Kunstmuseum Wilhelm-Morgner-Haus.** Ausgestellte Gemälde, Plastiken und Grafiken dokumentieren die moderne Kunstgeschichte der Region, im Mittelpunkt steht dabei der bekannte Soester Künstler Wilhelm Morgner (Thomästraße 1, Tel.: 0 29 21 /

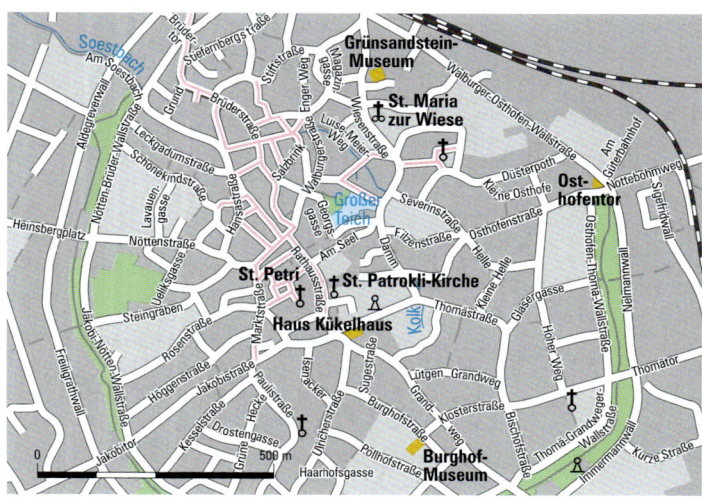

▶ *Soest.*

1 35 24, Di bis Fr 10–12 Uhr und 15–17 Uhr, Sa + So 11–17 Uhr, Erwachsene 2 €, ermäßigt 1 €). Für Besichtigungen offen steht auch das ehemalige Wohnhaus des Künstlers und Architekten Hugo Kükelhaus. Im Rahmen einer Führung können das einstige Arbeitszimmer und die Bibliothek im **Haus Kükelhaus** ein von ihm selbst umgebautes Fachwerkhaus, besichtigt werden (Nöttenstraße 29b, Tel.: 0 29 21 / 3 33 02, www.hugo-kuekelhaus.de, Führungen nach Absprache).

Ausflugsziel Bad Sassendorf

Etwa 6 km östlich von Soest lohnt der nette Kurort Bad Sassendorf einen Besuch. Besonders hübsch zeigt sich die schmucke Fachwerkarchitektur in der Altstadt. Als größte Sehenswürdigkeit gilt der Kurpark mit seinen zahlreichen Blumenbeeten, Wasserfontänen und idyllischen Ruheoasen. Betörend duftet z. B. der Rosengarten während der Blütezeit – ein wahres Gartenparadies zum Wohlfühlen. Beliebt sind im Sommer auch die Aufführungen des Freilichttheaters.

Gleich nebenan liegt eine große Soletherme, die mit einer weitläufigen Saunalandschaft, Meersalzgrotte und Warmwasserbecken ein tolles Entspannungsprogramm offeriert (Gartenstraße 26, Tel.: 0 29 21 / 5 01 46 00, www.soletherme-bad-sassendorf.de, tgl. 8–21 Uhr, Sauna bis 22 Uhr, Tageskarte Erwachsene 14,50 €, Kinder 10 €).

ESSEN & TRINKEN

⇨✕ *Seit 1304*

Pilgrimhaus
Jakobistraße 75, Soest
Tel.: 0 29 21 / 18 28
www.pilgrimhaus.de
Mittelalterliche Atmosphäre, antike Einrichtung und eine leichte, regionale Küche erwartet die Gäste im ältesten Gasthof Westfalens.
Tgl. geöffnet.

✕ *Riesige Portionen*

Brauhaus Zwiebel
Ulricherstraße 24, Soest
Tel.: 0 29 21 / 44 24
www.brauhaus-zwiebel.de
Westfälische Spezialitäten und Schnitzel in allen Variationen werden in rustikalem Ambiente gereicht. Zu den äußerst üppigen Portionen empfiehlt es sich, ein frisch gezapftes Bier zu bestellen, denn dieses wird hier selbstgebraut. Unbedingt vorher reservieren.
Tgl. geöffnet.

Rustikale Eleganz

MARITIM Hotel Schnitterhof
Salzstraße 5, 59505 Bad Sassendorf
Tel.: 0 29 21 / 95 20
www.maritim.de
In charmanter Fachwerkhaus-Atmosphäre kommt man in den Genuss gehobener und vielseitiger saisonaler Küche. Tgl. geöffnet.

SPORT & FREIZEIT
AquaFun
Ardeyweg 5, Soest
Tel.: 0 29 21 / 39 27 00
www.aquafun-soest.de
Mo bis Fr 6:30–8 Uhr und 10–22 Uhr, Sa + So 9–22 Uhr, Sauna bis 23 Uhr, Tageskarte Erwachsene ab 8,30 €, Sauna ab 14,80 €, Kinder ab 5,80 €.
Angenehmes Familienbad mit Wellenbecken, Strömungskanal, Außenbereich, Rutschen und Sprungtürmen. Sieben verschiedene Saunen sorgen für Entspannung pur zu einem guten Preis-Leistungs-Verhältnis. Auf keinen Fall sollte man auf einen Snack in der Saunagastronomie verzichten, da die Molke-Drinks und Salate einfach fantastisch schmecken.

MIT KINDERN UNTERWEGS
Kletterpark Soest
Im Stadtpark, Soest
Mobil: 01 70 / 8 79 86 94
www.kletterpark-soest.de
März–Okt. Mo bis Fr 14–19 Uhr, Sa + So 10–19 Uhr, Erwachsene 18 €, Jugendliche bis 17 J. 15 €, Kinder bis 13 J. 12 €.

Vier Parcours in unterschiedlichen Schwierigkeitsgraden garantieren Kletterspaß für Groß und Klein.

Rappelkiste
Am Silberg 26, Soest
Tel.: 0 29 21 / 7 76 65
www.rappelkiste-soest.de
Mo bis Fr 14–19 Uhr, Sa + So 11–19 Uhr, Kinder ab 5,90 €, Erwachsene ab 2 €.
Tolle Indoor-Spielwelt zum Toben, Spielen, Hüpfen und Klettern mit einer großen Kletteranlage, Hüpfburg, einem Soccerplatz, Kettcarparcour, Trampolin und vielen weiteren Attraktionen, die Spaß und Action garantieren.

ABENDGESTALTUNG
In zahlreichen Gassen der Altstadt befinden sich urige, gemütliche und trendige Kneipen, in denen sich das Nachtleben von Soest abspielt. Übrigens: Die Soester stürzen sich eher freitags in das Nachtleben, was natürlich nicht bedeutet, dass sich nicht auch samstags ein Besuch der Kneipenszene lohnt. Besonders fröhlich geht es am Soester Kneipenfest im März zu – dann sorgen zahlreiche Live-Bands in den Kneipen für die musikalische Untermalung.

SERVICEINFO
Tourist Information Soest
Teichsmühlengasse 3
59494 Soest
Tel.: 0 29 21 / 66 35 00 50
www.soest.de

MÖHNESEE

Am nordwestlichen Rand des Naturparks Arnsberg schmiegt sich die Möhnetalsperre malerisch in die Landschaft ein. 650 m lang ist die imposante Staumauer, die 1913 fertig gestellt wurde und zur Wasserregulierung sowie Trinkwasserspeicherung dient. Eine Katastrophe geschah im Zweiten Weltkrieg – ein Bombenangriff traf die Sperrmauer und eine meterhohe Flutwelle mit tödlichen Folgen schoss das Möhnetal hinab. Heute wird die Talsperre als Naturerholungsgebiet genutzt: Am Ufer verlaufen gut ausgebaute Rad- und Wanderwege und mehrere Strandbäder laden zu einer erfrischenden Badepause ein. Auch Wassersportler kommen auf ihre Kosten – verschiedene Segelschulen und Bootsverleihe stellen Material zur Verfügung. Wer es gerne etwas gemütlicher mag, kann auch mit dem Fahrgastschiff MS Möhnesee über den See kreuzen. Eine einstündige Rundfahrt für Familien (2 Erwachsene + 2 Kinder bis 14 J.) kostet 18 € (Informationen unter www.moehneseeschifffahrt.de).

Einkehrtipps rund um den See:

Thing Hof
Thingstraße 12
Möhnesee-Theiningsen
Tel.: 0 29 24 / 4 37
www.thing-hof.de
Das zünftige Bauernhofcafé lockt mit einem schönen Garten und selbstgebackenen Kuchen. Im angegliederten Hofladen gibt es auch regionale Produkte zu kaufen. Mo und Di Ruhetag.

Gasthof Schulte
Thingstraße 6, Möhnesee-Theiningsen
Tel.: 0 29 24 / 3 40
www.gasthof-schulte-moehnesee.de
Passend zu dem schönen Biergarten werden leckere, deftige Spezialitäten serviert. Do Ruhetag.

Café Konditorei Grüne
Linkstraße 21, Möhnesee-Delecke
Tel.: 0 29 24 / 3 59
Neben einem herrlichen Seeblick bietet das nette Café eine enorme Auswahl an selbstgemachten Kuchen und Torten. Do Ruhetag.

▶ WARSTEIN

27.800 Einwohner   (S. 182, B3)

Erste Siedlungsspuren in der Bilsteinhöhle

Ganz im Norden des Sauerlands, eingebettet in die dichte Waldlandschaft des Naturparks Arnsberger Wald, liegt die bekannte Brauerstadt Warstein. Erste Spuren menschlichen Lebens lassen sich in der **Bilsteinhöhle** nachweisen, die sich westlich der Stadt im malerischen Bilsteintal befindet. Bereits in der Steinzeit diente die Höhle als Unterschlupf, wie Steinwerkzeug- und Knochenfunde belegen. Heute gilt die fast 400 Mio. Jahre alte Tropfsteinhöhle als eine der bedeutendsten Schauhöhlen in ganz Deutschland. Faszinierende Sintervorhänge und bizarre Tropfsteinformationen versetzen Besucher in eine spektakuläre Märchenwelt

(Im Bodmen 52, Tel.: 0 29 02 / 27 31, www.wildpark-warstein.de, April–Nov. tgl. 9–17 Uhr, Nov.–März Di bis Sa 10–12 und 14–16 Uhr, So 9–16 Uhr, Erwachsene ab 4 €, Kinder ab 2 €).

Hanse-, Bergbau- & Brauereiort

Eine dauerhafte Besiedlung Warsteins ist ab dem Mittelalter nachzuweisen. Im Bereich des heutigen Altwarsteins befand sich der ehemalige Dorfkern – die befestigte Stadt auf dem Stadtberg entstand erst nach 1300. Reiche Erzfunde und dichte Waldgebiete in den umliegenden Tälern führten zu einer wirtschaftlichen Blütezeit Warsteins – als Mitglied der Hanse exportierte die Stadt große Mengen an Kupfer-, Blei- und Erzerzeugnissen sowie Holz. Insbesondere im 18. Jh. erlebte die Montanindustrie

▶ *Blick über die Dächer von Warstein.*

einen großen Aufschwung, der erst durch die immer größer werdende Konkurrenz im Ruhrgebiet gestoppt wurde. Heute gilt Warstein als einer der populärsten Brauereiorte weltweit. Fast 80 Mio. Kisten Bier werden hier jedes Jahr abgefüllt – wie das genau geschieht, erlebt man im **Besucherzentrum Warsteiner Welt**. Eine spannende Multimediashow gibt einen Einblick in die Herstellung und Abfüllung des beliebten Getränks – am Schluss darf man natürlich auch selbst einmal kosten (Domring 4–19, Tel.: 0 29 02 / 88 50 01, www.warsteiner.de, Mo bis Sa 12–17 Uhr, Erwachsene 8 €, Kinder 5 €).

Museumslandschaft

Eine ganze Reihe von Museen lohnt in Warstein einen Besuch. Dazu gehört das **Haus Kupferhammer**, ein barockes Herrenhaus aus dem 18. Jh., das anschaulich die Geschichte der Stadt präsentiert. Sowohl geologische Fundstücke aus der Frühgeschichte als auch Exponate zum bäuerlichen Leben von einst und originalgetreue Herrenhauseinrichtungen werden in verschiedenen Ausstellungen gezeigt (Belecker Landstraße 9, Tel.: 0 29 02 / 10 78, Sa 14:30–17 Uhr, So 10:30–12:30 Uhr und 14:30–17 Uhr, Erwachsene 1,50 €, Kinder 1 €). Schön ist auch das **Kettenschmiedemuseum** im Ortsteil Sichtigvor, das in einer rekonstruierten Schmiede untergebracht ist. Hier lernt man,

wie schmiedeeiserne Ketten hergestellt werden und erhält anhand zahlreicher Anekdoten Einblick in den einstigen Arbeitsalltag (Möhnestraße 60, Tel.: 0 29 02 / 33 10, Besichtigung nach Anmeldung, Eintritt frei).
Wie sich der damalige bäuerliche Alltag abgespielt haben muss, vermittelt die **Heimatstube im Haus Dassel** in Warstein-Allagen. Ausgestellte Geräte und Bilder geben eindrucksvoll wieder, wie sehr die Region durch die Land- und Forstwirtschaft geprägt wurde (Viktor-Röper-Straße 2, Tel.: 0 29 25 / 9 70 70, Führungen nach Absprache, Eintritt frei). Dass die Wälder rund um Warstein ein gutes Jagdrevier sind, wussten schon die Kölner Erzbischöfe. Im ehemaligen Rathaus im Ortsteil Hirschberg zeugen ausgestellte Trophäen und Bilder davon (Böckelmannstraße 3, Tel. 0 29 02 / 39 04, Mi 14:30–15:30 Uhr oder nach Absprache, Eintritt frei).

Altstadt Belecke

Einer der schönsten Orte im ganzen Sauerland ist die charmante Altstadt des Warsteiner Ortsteils Belecke mit ihren schmucken, kleinen Fachwerkhäusern. Nach einem zerstörerischen Stadtbrand Anfang des 19. Jh. wurde das historische Zentrum des Dorfes einheitlich mit breiten Straßen und hellen Fachwerkhäusern wieder aufgebaut bzw. restauriert. Heute steht ein Großteil der pittoresken Gebäude unter Denkmalschutz.

ESSEN & TRINKEN

✗ *Rustikal*
Zur rostigen Säge
Unterm Stillenberg 11, Warstein
Tel.: 0 29 02 / 5 81 76
www.altes-gasthaus-luig.de
Urig geht es in der ehemaligen Sägemühle mit deftigen Speisen in der Holzfällerstube zu. Mo Ruhetag.

⇔✗ *Fachwerkambiente*
Landhotel Gasthof Cramer
Prinzenstraße 2
Warstein-Hirschberg
Tel.: 0 29 02 / 98 80
www.landhotel-cramer.de
Saisonale, regionale und internationale Köstlichkeiten, außerdem Wildspezialitäten. Tgl. geöffnet.

⇔✗ *Für Genießer*
Romantik Landhotel Knippschild
Theodor-Ernst-Straße 3
59602 Rüthen-Kallenhardt
Tel.: 0 29 02 / 8 03 30
www.hotel-knippschild.de
Westfälische und internationale Köstlichkeiten offeriert das traditionsreiche Hotel. Tgl. geöffnet.

SPORT & FREIZEIT

Wildpark Warstein
In unmittelbarer Nähe der Bilsteinhöhle breitet sich der Wildpark Warstein aus, ein kostenlos zugängliches Waldgebiet, in dem Füchse, Luchse, Wildschweine, Rotwild und auch Waschbären leben. Besonders schön sind Rundgänge auf den Walderlebnispfaden, die spannende Informationen rund

MONTGOLFIADE

Wer sich zufällig Anfang September in Warstein oder Umgebung aufhält, hat das Glück, bei einem der größten europäischen Heißluftballon-Events dabei zu sein. Alljährlich findet hier im September die **Warsteiner Internationale Montgolfiade** statt. Rund 300 Heißluftballons in teilweise sehr beeindruckenden Formen gehen hier bei verschiedenen Massenstarts in die Luft. Fahrgeschäfte, Partys und abendliches Ballonglühen sorgen für eine gute Unterhaltung. Weit über 100.000 Besucher wohnen jedes Jahr dem Spektakel bei (Infos unter www.warsteiner-montgolfiade.com).

um das Ökosystem Wald, seine Nutzung und Bedeutung auf Schautafeln vermitteln. Auch ein Teil der **Sauerland-Waldroute** führt durch den Wildpark. Der insgesamt 240 km lange Wanderweg verbindet Iserlohn und Marsberg und bietet entlang des Weges zahlreiche Gelegenheiten, die heimische Flora und Fauna zu genießen.

Allwetterbad Warstein
Lortzingstraße 1, Warstein
Tel.: 0 29 02 / 35 11
www.stadtwerke-warstein.de
Di bis Fr 6–20 Uhr, Sa + So 9–20 Uhr, Erwachsene ab 5 €, Kinder (7–17 Jahre) ab 3,50 €. Große Badelandschaft mit Innen- und Außenbereich, Sprungtürmen, Wasserfall, Rutschen und Strömungskanal. Erholung bietet der angeschlossene Saunapark.

SERVICEINFO
Stadt Warstein
Dieplohstraße 1
59581 Warstein
Tel.: 0 29 02 / 8 10
www.warstein.de

▶ OLSBERG

15.400 Einwohner (S. 182, C4)

Vor einer herrlichen Bergkulisse im oberen Ruhrtal liegt der Kneippkurort Olsberg, der für ein umfangreiches Erholungs- und Sportangebot bekannt ist. Das erstmals im 13. Jh. erwähnte Dorf wurde im Mittelalter vor allem durch Landwirtschaft und Bergbau geprägt. Ab dem 19. Jh. entwickelte sich mit dem Bau der ersten „Kaltwasserheilanstalt" in der Region ein blühender Gesundheitstourismus, sodass Olsberg heute auf eine über hundertjährige Kneipp-Tradition zurückblicken kann. Die wohltuende Wirkung von Kneipp-Tretbecken erlebt man auf dem **Olsberger Kneippwanderweg**, der insgesamt 42 km lang durch die Natur rund um die Stadt führt. Schon von Weitem sichtbar sind die **Bruchhauser Steine**, die oberhalb von Olsberg-Bruchhausen aus dem Wald aufragen. Bis zu 92 m hoch und 380 Mio. Jahre alt sind die gewaltigen Felsen, die zu den spektakulärsten Naturdenkmälern im ganzen Sauerland zählen.

Sehenswürdigkeiten

Bekannt ist Olsberg auch für eine Vielzahl von Schlössern, die sich im unmittelbaren Umland befinden.

Schloss Gevelinghausen, Schloss Schellenstein, Schloss Bruchhausen, Schloss Antfeld und Schloss Wildenberg – die imposanten Bauwerke erinnern alle an die Zeit der Kölner Kurfürsten, die hier einst lebten. Heute sind die Schlösser jedoch in Privatbesitz und können nur von außen besichtig werden. Einzige Ausnahme bildet Schloss Gevelinghausen, in dem heute ein Hotel untergebracht ist. Weniger prachtvoll zeigen sich dagegen die alten Bergbaustollen, in denen früher Erz abgebaut wurde. Einen Einblick in die Welt unter Tage gibt das **Besucherbergwerk Philippstollen**. Ausgestattet mit Helm und Schutzkleidung geht es hinunter in den feucht-kalten Stollen, wo man viel Wissenswertes über die Geologie und die ehemaligen Arbeitsbedingungen im Bergwerk lernt (Anmeldung unter Tel.: 0 29 62 / 9 73 70, www.philippstollen.de, Mai bis Okt. nach Anmeldung, Erwachsene 3 €, Kinder 1 €). Zu den schönsten Sehenswürdigkeiten im Stadtgebiet zählt auch das **Afrika-Museum** im Stadtteil Gevelinghausen, das faszinierende Skulpturen und afrikanische Kunst zeigt (Auf'm Bohlen 14, Tel.: 0 29 04 / 16 60, www.afrikanische-kunst-vogt.de, Mi und Fr 14 – 17 Uhr, Eintritt frei).

Rosendorf Assinghausen

Wie ein Bilderbuchdorf wirkt der Olsberger Stadtteil Assinghausen: Zwischen pittoresken Fachwerkhäusern blühen Rosen in allen Farben und Formen – 2006 wurde der Ort zum „Rosendorf" gekürt. Besonders schön zeigen sich während der Blütezeit der Romantikgarten am ehemaligen Kornspeicher oder der kleine Klostergarten. Außerdem ist Assinghausen der Geburtsort des bekannten Sauerlanddichters Friedrich Wilhelm Grimme. Vor seinem Geburtshaus unterhalb der Kirche erinnert eine lebensgroße Bronzestatue an den Dichter.

ESSEN & TRINKEN

⇄✗ *Mit Gartenterrasse*
Gasthof Zur Post
Markt 1, Olsberg
Tel.: 0 29 62 / 9 74 00
www.gasthof-zur-post.eu
Gemütlich-rustikales Ambiente, eigener Gemüse- und Kräutergarten, regionale und internationale Küche sowie hausgemachte Wurstspezialitäten. Mo Ruhetag.

✗ *Urig und gemütlich*
Gutscafé Rosenbogen Heidrich
Gaugreben'scher Weg 1
Olsberg-Bruchhausen
Tel.: 0 29 62 / 88 08 12
www.rosenbogen-heidrich.de
Je nach Saison gibt es leckere Kuchen und kleine Gerichte.
Nov., Dez. + März Mo Ruhetag.

SPORT & FREIZEIT
Aqua Olsberg
Zur Sauerlandtherme 1, Olsberg
Tel.: 0 29 62 / 84 50 50
www.aqua-olsberg.de
Mo, Mi, Fr, Sa und So 9–21 Uhr,

Di + Do 9–23 Uhr, Erwachsene 7,50 €, ermäßigt 6,50 €.
Ein tolles Entspannungsprogramm erwartet Besucher in der großen Therme: Warme Solebäder, eine erfrischende Kneippbox, ein Barfusspfad und eine Waldsaunalandschaft können für einen ausgiebigen Wellnesstag genutzt werden.

SERVICEINFO
Touristik und Stadtmarketing Olsberg GmbH
Ruhrstraße 32
59939 Olsberg
Tel.: 0 29 62 / 9 73 70
www.ts-olsberg.de

▶ BRILON

26.700 Einwohner   (S. 183, D4)

Sanfte Hügel prägen die Landschaft der Briloner Hochfläche, in der die historische Hansestadt liegt. Die schmalen Gassen in der hübschen Altstadt eignen sich gut für einen gemütlichen Bummel. Mitten im Zentrum liegt der Marktplatz, dem die malerischen Fachwerkhäuser und plätschernden Brunnen ein historisches Flair verleihen. Besonders im Sommer geht es hier lebhaft zu – dann laden zahlreiche Cafés und Restaurants zu einer kleinen Pause im Freien ein, bei der man den lebhaften Trubel beobachten kann.

Geschichte
Bereits im 1. Jh. n. Chr. wurde in der waldreichen Region nach Blei und Eisen geschürft und damit der Grundstein für einen lang anhal-

► *Fachwerkhäuser am Marktplatz in Brilon.*

tenden Wohlstand gelegt. Aus dem 8. Jh. stammt eine Wallburganlage auf dem Borberg bei Brilon, die auf eine frühmittelalterliche Besiedlung hindeutet. Als befestigte Stadt wurde Brilon schließlich im 13. Jh. von dem Kölner Erzbischof Engelbert gegründet. Dank der reichen Erzfunde in der Region entwickelte sich der Ort zu einem blühenden Städtchen mit ca. 3.000 Einwohnern und trat als Handelsstadt der Hanse be . 1444 wurde Brilon schließlich zur Hauptstadt des Herzogtums Westfalens erhoben. Im Dreißigjährigen Krieg geriet die Stadt unter die Herrschaft der Hessen, erst im 18. Jh. wurde Brilon preußisch. Mehrere verheerende Stadtbrände führten in der Zwischenzeit zu einem wirtschaftlichen Niedergang, von dem sich die gesamte Region erst Ende des 18. Jh. wieder vollständig erholte. Als Sitz von Schulen und Behörden und dank des florierenden Handels und Gewerbes gewann Brilon zu Beginn des 19. Jh. erneut an Bedeutung, woran zahlreiche prachtvolle Gebäude in der historischen Altstadt bis heute erinnern.

Sehenswürdigkeiten

Im Jahr 1250 wurde am Marktplatz ein prachtvolles Zunfthaus der Kaufleute – das heutige Rathaus – errichtet. Zwei Stockwerke hat die einstige Verkaufsstätte der Hanse, deren Außenfassade eine spitzbogige Doppelarkade und Geweihe zieren. Heute befindet sich das **Rathaus** im Inneren des Gebäudes, von dem die Eingangshalle und der Bürgersaal besichtigt werden können (Am Markt 1, Tel.: 0 29 61 / 79 40, www.brilon.de).

BRILONS WALDREICHTUM

Einer Legende nach verirrte sich vor über 1.000 Jahren eine Schar Reiter in die dichten Waldgebiete rund um die Briloner Hochfläche. In einem kleinen Gehöft baten sie um Unterschlupf, der ihnen mit herzlicher Gastfreundschaft gewährt wurde. Erst am nächsten Tag gab sich die Reiterschar den braven Bauersleuten zu erkennen: Es war Kaiser Karl mit seiner Gefolgschaft. Zum Dank für ihre Freundlichkeit erhielten die Bauern so viel Wald, wie sie an einem Tag umreiten konnten. Durch diesen „Brei-Lohn" besitzt Brilon heute so viel Wald wie keine andere Stadt in Deutschland – möglicherweise ist daraus sogar der Name der Stadt entstanden.

Gleich daneben ragt die imposante **Propsteikirche St. Petrus und Andreas** auf, die ebenfalls im 13. Jh. erbaut wurde. 63 m hoch ist der mächtige Westturm des frühgotischen Sakralbaus, für dessen Bau hauptsächlich Grünsandstein verwendet wurde. Das Material dazu stammt aus der Soester Region – ein Indiz für die guten Handelsbeziehungen der beiden Hansestädte. Im Inneren der dreischiffigen Hallenkirche befinden sich wertvolle Kirchenschätze wie hübsche Wandmalereien und ein gotisches Kreuz, beides aus dem 14. Jh. (Propst-Meyer-Straße 3, Tel.: 0 29 61 / 23 48, www.pastoralverbund-brilon.de, täglich 9–12 Uhr und 15–17 Uhr geöffnet, Turmbesteigung von Mai bis Okt.

möglich, Eintritt frei). Ähnlich beeindruckend zeigt sich die barocke **Nikolaikirche** in der Kapellenstraße, die auch Stilelemente des Rokoko aufweist. Im Jahr 1782 wurde der Bau der Franziskaner-Kirche nach zehnjähriger Bauzeit fertiggestellt – nur wenige Meter von dem Platz entfernt, auf dem sich seit dem 13. Jh. eine kleine Kapelle mit dem gleichen Namen befand. Das Highlight im Kircheninneren ist der reich geschmückte Altarraum, der mit plastischem Schmuck, Malereien und zwei seitlich angrenzenden Rokokotüren verziert ist. Im Winter finden hier häufig Konzerte von nationalen und internationalen Künstlern bei Kerzenschein statt. Am Rand der pittoresken Altstadt befindet sich als Überrest der alten Stadtbefestigung das **Derker Tor**. Die von Erzbischof Engelbert planmäßig angelegte, ovale Siedlung wurde durch zwei Hauptstraßen in das Ledriker-, das Keffliker-, das Krusiker- und das Derker-Viertel unterteilt, von denen jedes ein Stadttor besaß. Auch kleinere Mauerreste der einst imposanten Wallanlage sind noch zu finden. Interessantes zur Stadtgeschichte erfährt man im **Stadtmuseum**, das über die umliegenden Waldgebiete, den Bergbau und die Zeiten der Hanse informiert. Eine spannende Ausstellung beschäftigt sich außerdem mit einer kleinen Sensation: Im Ortsteil Brilon-Nehden wurden bei Ausgrabungen die Überreste von Dinosauriern gefunden, die vor

ca. 120 Mio. Jahren in der Region
lebten. Besonders beeindruckend
ist die Nachbildung eines Jungtie-
res (Heinrich-Jansen-Weg 6, Tel.:
0 29 61 / 79 44 50, Di/Mi 15 – 17
Uhr, Do/Fr 10 – 12 Uhr und 15 – 17
Uhr, Sa/So 10 – 12 Uhr, Erwachsene
1 €, ermäßigt 0,50 €).

Rothaarsteig

154 km lang führt der bekannte
Fernwanderweg Rothaarsteig
von Brilon über den Kamm des
Rothaargebirges nach Dillenburg
und verbindet so das Sauerland mit
dem Siegerland, dem Wittgensteiner Land und dem Westerwald.
Neben herrlichen Fernblicken, abwechslungsreicher Landschaft und
gemütlichen Einkehr- bzw. Über-
nachtungsmöglichkeiten erwarten
den Wanderer zahlreiche Informationstafeln und Erlebnisstationen, die
über die Besonderheiten der Natur
entlang des Weges informieren.
Wer einen Teil des Rothaarsteigs
begehen möchte, findet auf S. 120
einen möglichen Tourenvorschlag
(weitere Informationen unter Tel.:
01 80 / 5 15 45 55 oder www.
rothaarsteig.de).

ESSEN & TRINKEN

⇄✕ *Elegant*
Hotel am Wallgraben
Strackestraße 23, Brilon
Tel.: 0 29 61 / 40 44
www.hotel-am-wallgraben.de
In freundlicher Atmosphäre kann
man zwischen typischer Sauerländer
Küche und mediterran inspirierten

Menüs wählen. Im Sommer lädt der
Biergarten zum gemütlichen Sitzen
unter alten Linden ein. So Ruhetag.

⇄✕ *Direkt am Marktplatz*
Hotel Restaurant Café Starke
Am Markt 15, Brilon
Tel.: 0 29 61 / 80 08
www.hotel-starke.de
Regional und international wird
in der traditionsreichen Gaststube
gekocht. Nachmittags gibt es selbst-
gebackene Torten und Gebäck.
Tgl. geöffnet.

✕ *Historisches Ambiente*
Almer Schloßmühle
Schloßstraße 13, Brilon
Tel.: 0 29 64 / 96 99 93
www.restaurant-almer-schlossmuehle.de
Leckereien aus der deutschen Kü-
che. Mo Ruhetag.

✕ *Traditionsreich*
Jägerhof
Am Markt 11, Brilon
Tel.: 0 29 61 / 98 77 40
www.derjaegerhof.de
Die direkt am historischen Marktplatz gelegene Gaststube offeriert
saisonale Speisen und eine Auswahl
an selbstgebackenen Kuchen.
Im Winter Di Ruhetag, sonst tgl.
geöffnet.

SPORT & FREIZEIT
Golf
Am Hölsterloh, Brilon
Tel.: 0 29 61 / 5 35 50
www.golfclub-brilon.de
März bis Nov. tgl. geöffnet.

Greenfee im Sommer 35 € (Wochenende 45 €), im Winter 20 € (Wochenende 25 €).
Mit Hügeln, Waldabschnitten und Wasserläufen bietet der großzügig angelegte 9-Loch-Platz abwechslungsreiche Herausforderungen.

MIT KINDERN UNTERWEGS
Minigolfanlage „Im Kreishauspark"
Heinrich-Jansen-Weg/
Am Niederen Tor, Brilon
Mobil: 01 52 / 06 37 46 45

DIEMELSEE

An den nordöstlichen Ausläufern des Rothaargebirges erstreckt sich der Diemelsee, einer der fünf großen Stauseen im Sauerland. Seit 1924 dient die Talsperre zur Wasserregulierung und Stromerzeugung und gilt gleichzeitig als beliebtes Ausflugsziel. Vor allem Wassersportfans kommen hier auf ihre Kosten: Schwimmen, Kanu fahren, segeln, surfen und sogar tauchen ist erlaubt. Die ganze Region rund um den Stausee ist übrigens als Naturpark ausgewiesen und lockt mit ihrem hohen Freizeitwert Gäste zu jeder Jahreszeit an.

www.minigolf-brilon.de
April–Sept. Mo bis Fr 14–20 Uhr, Sa, So, an Feiertagen und in den Sommerferien 10:30–20 Uhr, Erwachsene 2,50 €, Kinder bis 14 Jahre 2 €.
Zu einer fröhlichen Spielrunde laden die 18 Bahnen der Minigolfanlage ein.

SERVICEINFO
**Brilon Wirtschaft und
Tourismus GmbH**
Derkere Straße 10a, 59929 Brilon
Tel.: 0 29 61 / 9 69 90
www.brilon-tourismus.de

▶ WILLINGEN
6.500 Einwohner (S. 183, D5)

Eingebettet in die herrliche Natur des bergigen Uplands liegt Willingen auf der hessischen Seite des Sauerlands. Lediglich 6.500 Einwohner zählt die beschauliche Gemeinde. Dafür ist der Ort eine Tourismushochburg schlechthin. Pro Jahr kommen knapp 1 Mio. Übernachtungsgäste, um das Freizeitparadies Willingen zu genießen. Hier wird gewandert, Ski gefahren und ausgiebig gefeiert. Besonders an den Wochenenden und Feiertagen herrscht in Willingen Hochbetrieb.

Geschichte
Erstmals urkundlich erwähnt wurde der kleine Ort im Jahr 1380 und bestand damals aus nur wenigen Lehnshöfen. Als Erwerbsquelle diente neben der Landwirtschaft auch die Eisenverhüttung. Bereits

Mitte des 16. Jh. gab es in der Region ein Hammerwerk, in dem Kleinware wie Nägel, Säbel oder Hammer hergestellt wurden. Nach dem Zerfall der Eisenindustrie im 19. Jh. begann der Schieferabbau zu florieren. Auch heute noch erinnern alte Gruben und Stollen an die vergangenen Zeiten. Lange Zeit blieb Willingen geprägt von dem harten Arbeitsleben und einer anhaltenden Abwanderung. Erst durch den aufkommenden Tourismus wurde das arme Bergdorf als moderne Feriendestination bekannt.

Sehenswürdigkeiten

Als höchste Großschanze der Welt ist die **Mühlenkopfschanze** das Wahrzeichen von Willingen. Jedes Jahr kommen Zehntausende Besucher, um bei den internationalen Weltcup-Skispringen live dabei zu sein. Eine Standseilbahn führt neben der Aufsprungzone hinauf zum Schanzenturm, auf den Besucher entweder bequem per Aufzug oder über 124 Treppenstufen gelangen (Zur Mühlenkopfschanze 1, Tel.: 0 56 32 / 96 00, www.weltcup-willingen.de, Führungen jeden Di und Fr um 14 Uhr, Erwachsene 9 €, Kinder 4,50 €).
Einen atemberaubenden Blick auf Willingen und die umliegenden Berge bietet die verglaste Aussichtsplattform des **Hochheideturms**. 59 m hoch ragt der Turm seit dem Jahr 2002 auf dem 838 m ü. NN hohen Ettelsberg auf – eine barrierefreie, moderne Kabinenseilbahn bringt Besucher bequem zum Gipfel. Mit 44 m befindet sich an der Außenfassade des Hochheideturms eine **Outdoor-Kletterwand**, die zu den höchsten Europas zählt (Tel. 0 56 32 / 96 68 55, www.towerclimbing-willingen.de, ab Mai Sa 11–15 Uhr (nur bei schönem Wetter), Klettern am Turm: 10 €). In unmittelbarer Nähe zur Bergstation des Willinger Hausberges befindet sich übrigens die **Ettelsberghütte,** die besonders an den Wochenenden und Feiertagen eine beliebte Anlaufstelle für Kegelvereine und Junggesellenabschiede ist. Spannende Kunst zum Anschauen und Mitmachen bietet die **Glasmanufaktur Willingen**. Hier können Besucher viel über die Tradition der Glasbläserkunst lernen, Glasbläsern bei der Arbeit zusehen oder auch selbst kleine Kunstwerke formen. Zum Abschluss bietet eine kleine Galerie die schönsten Glasstücke zum Kauf an (Zur Hoppecke 9, Tel.: 0 56 32 / 98 55 15, www.glasmanufaktur-willingen.de, April–Okt. Mo bis Fr 10–17 Uhr, Sa + So 10–16 Uhr, Nov.–März Mo bis Fr 10–12:30 Uhr und 14–17 Uhr, Sa bis 16 Uhr, So nur vormittags, Eintritt frei).
Eindrucksvoll zeigt das **Besucherbergwerk Schiefergrube Christine**, wie der Abbau unter Tage funktionierte. Als bleibende Erinnerungen können Besucher auch verschiedene Mineralien, Schmuck oder Fossilien erwerben (Schwalefelderstraße 28,

Tel.: 0 56 32 / 62 98, www.
freizeitwelt-willingen.de, Führungen
April–Okt. Mi bis Sa 10 + 11 Uhr
und 15 + 16 Uhr, So 10 + 11 Uhr,
Nov.–März nur vormittags, Führungen ab acht Personen, Erw. 3,50 €,
Kinder 4–12 Jahre 2 €).
Eine der buntesten Sammlungen
an Kitsch, Krempel und Kunst gibt
es in Hans Schlömers **Curioseum**
im Ortsteil Usseln zu bestaunen.
Zwischen alter Kernseife finden
sich bizarre Fluggeräte, antike
Oldtimer, Alienpuppen und vieles
mehr – ein wirklich kurioses Ent-
deckungsabenteuer für die ganze
Familie (Düdinghäuser Straße 1,
Tel.: 0 56 32 / 62 32, www.
curioseum-willingen.de, Mai–Okt.
tgl. 10–18 Uhr, Nov.–April Sa +
So 10–17 Uhr, in den Ferien und
an Feiertagen tgl. 10–18 Uhr, Erw.
4,50 €, Kinder 6–16 Jahre 3,50 €).

Uplandsteig

Wer die ursprüngliche Mittelgebirgslandschaft mit ihren tiefen
Tälern, sanften Bergrücken und
blühenden Heidelandschaften
gerne zu Fuß entdecken möchte,
dem empfiehlt sich der 64 km
lange Uplandsteig. In drei bis vier
Tagesetappen führt der abwechslungsreiche Wanderweg rund um
Willingen durch die schattigen Wälder, entlang plätschernder Flüsse
und hinauf auf die aussichtsreichen
Höhen. Bei der Tourist-Information
Willingen (siehe unter Serviceinfo)
oder unter www.uplandsteig.de
kann man sich informieren.

ESSEN & TRINKEN

✕ *Almschmankerl*
Dorf Alm
Briloner Straße 44, Willingen
Tel.: 0 56 32 / 96 61 90
www.dorf-alm.de
In dem gemütlich-rustikalen
Gastraum gibt es alpenländische,
gutbürgerliche Küche und urige
Hüttenatmosphäre. Tgl. geöffnet.

⇦✕ *Im Strycktal*
Gutshof Itterbach
Mühlenkopfstraße 7, Willingen
Tel.: 0 56 32 / 9 69 40
www.gutshof-itterbach.de
Etwas außerhalb der Stadt gelegen,
bietet der imposante Klinkerbau
eine herrliche Atmosphäre und
kulinarische Köstlichkeiten. Internationale und regionale gehobene Küche, So Brunch. Mo + Di Ruhetag.

⇦✕ *Traditionsreich*
Hotel Sauerländer Hof
Schwalefelder Straße 16
Willingen-Schwalefeld
Tel.: 0 56 32 / 62 56
www.sauerlaender-hof-willingen.de
Große Auswahl an Sauerländer
Gerichten und Wildspezialitäten.
Tgl. geöffnet.

✕ *Treffpunkt für Jung und Alt*
Willinger Brauhaus
In den Kämpen 2, Willingen
Tel.: 0 56 32 / 9 88 70
www.willinger-brauhaus.de
Gastronomische Vielfalt mit neun
Bereichen: Schänke, Brau- und Hop-
fenstube, Weizen Deele, Brauhaus-

▶ *Naturlandschaft rund um Willingen.*

saal, Sommerterrasse, Malztenne, Brasserie, Willinger Marktplatz und No Limit Bar. Sauerländer Spezialitäten und deftige Hausmannskost gibt es zum selbstgebrauten Bier. Für viele Gäste ist das Willinger Brauhaus auch zum Feiern ein fester Bestandteil eines jeden Willingen-Besuchs. Tgl. geöffnet.

✕ *Geselliger Treff*
Vis á Vis-Hütte
Zum Langenberg 8a, Willingen
Tel.: 0 56 32 / 68 62
Im gemütlichen Biergarten oder in der urigen Kaminstube gibt es Spezialitäten vom Holzkohlegrill. Tgl. geöffnet.

SPORT & FREIZEIT
Lagunen-Erlebnisbad
Am Hagen 9–19, Willingen
Tel.: 0 56 32 / 96 94 30
www.lagunenerlebnisbad.de

Täglich 9–23 Uhr, Erw. ab 7,50 €, Jugendliche 7–16 Jahre 4,10 €. Die exotische Badewelt bietet mit ihrer insgesamt 1.200 m² großen Wasserfläche Badegenuss vom Feinsten. Weitläufige Außen- und Innenbecken, fantasievolle Kinderlandschaft, großzügige Saunalandschaft und Rutschenparadies.

Wild- und Freizeitpark Willingen
Am Ettelsberg 2, Willingen
Tel.: 0 56 32 / 6 91 98
www.wildpark-willingen.de
April bis Okt. tgl. 9–18 Uhr, Nov. bis März tgl. 10–16 Uhr, Erw. 7,50 € (Winter), 9 € (Sommer), Kinder 5 € (Winter) bzw. 7 € (Sommer). Der ganzjährig geöffnete Wildpark bietet Dam- und Rotwild, Wildkatzen, Braunbären und exotischen Papageienarten eine Heimat. Besonders beeindruckend sind die Greifvogelvorführungen.

Kletterhalle Willingen

Zur Hoppecke 9, Willingen
Tel.: 0 56 32 / 96 68 55
www.kletterhalle-willingen.de
Di + Do 10 – 12 Uhr und
14 – 22 Uhr, Mi + Fr 14 – 18 Uhr,
Sa + So 10 – 12 Uhr und 14 – 18 Uhr,
Eintritt inklusive Gurt 10 €, Schuh-
verleih 3 €. Indoor-Kletterhalle mit
54 Routen und Boulderbereich.

MIT KINDERN UNTERWEGS
Sommerrodelbahn

Am Hoppern, Willingen
Tel.: 0 56 32 / 96 69 77
www.sommerrodelbahn-willingen.de
Außerhalb der Skisaison Sa + So
9:30 – 17 Uhr, Erwachsene ab
2,20 €, Kinder ab 1,50 €.
700 m Rodelspaß für Klein und
Groß mit elf Kurven und drei Jumps
verspricht die Sommerrodelbahn.
Extra Service: Mit Hilfe des Skilifts
wird man bequem auf dem Schlitten
bergauf gezogen.

Abenteuergolf am Viadukt

Am Golfplatz 4, Willingen
Mobil: 01 70 / 6 74 96 61
www.freizeit-willingen.de/abenteuergolf
Bei guter Witterung tgl. 10 – 18 Uhr.
Abwechslungsreicher Parcours mit
16 Bahnen, die Spielfreude für Jung
und Alt garantieren.

ABENDGESTALTUNG

In Willingen kommen Nachtschwärmer auf ihre Kosten. Viele Partygän-
ger reisen bereits am Vormittag
an, fahren mit der Seilbahn auf
den Ettelsberg, verbringen dort auf

Siggis Hütte den Tag und nehmen
die letzte Seilbahn am Nachmittag
zurück. An der Talstation wird zunächst feucht-fröhlich weitergefei-
ert, später in einer der einschlägigen
Kneipen und Diskotheken einge-
kehrt, die sich entlang der Briloner
und Waldecker Straße reihen.

SERVICEINFO
Tourist-Information Willingen

Am Hagen 10, 34508 Willingen
Tel.: 0 56 32 / 40 11 80
www.willingen.de

▶ MARSBERG

21.200 Einwohner   (S. 183, F3)

Am östlichen Rand des Sauerlands,
knapp 5 km von der hessischen
Grenze entfernt, liegt Marsberg. Im
Zuge einer kommunalen Neugliederung schlossen sich die ehemals
eigenständigen Gemeinden Ober-
und Untermarsberg 1975 zusammen.

UPLAND

Der Begriff „Upland" stammt aus dem
Plattdeutschen und bedeutet „Auf dem
Land" oder „Oberland". So wurde
einst der hessische Teil des Hochsauerlandes bezeichnet.
Während archäologische Funde darauf
schließen lassen, dass bereits 7000
v. Chr. Jäger und Sammler durch
das Gebiet zogen, ist eine ständige
Besiedlung erst ab dem Mittelalter
nachweisbar.
Heute gilt das hessische Upland rund
um Willingen als beliebte Wintersport-
und Wanderregion.

Geschichte

Bekannt ist der Ort durch die Sachsen – bereits im frühen Mittelalter wurde hier die Eresburg, die größte sächsische Volksburg errichtet. Von der Höhenburg konnte die Grenze zum Herzogtum Franken überwacht werden. Aufgrund dieser begehrten Lage war die Sachsenburg hart umkämpft, bis der Frankenkönig Karl der Große sie schließlich 772 eroberte. Unter seiner Herrschaft wurde anschließend mit der **St. Peter und Paul Kirche** eine der ersten Kirchen und mit dem **Kloster Obermarsberg** eines der ersten Klöster in Westfalen erbaut, während unterhalb der Burg die Siedlung Obermarsberg entstand. Von großer Bedeutung für die weitere Entwicklung waren die Eisenerzfunde in der Region. Während sich Obermarsberg als politisches Zentrum etablierte, wuchs Niedermarsberg dank seiner strategisch günstigen Lage an der Kreuzung der Fernhandelsstraßen Frankfurt am Main–Paderborn und Kassel–Köln zu einem wichtigen wirtschaftlichen Handelsstützpunkt heran. Durch den Anschluss an die Ruhrtalbahn im 19. Jh. gewann Marsberg auch als industrieller Standort an Bedeutung, sodass sich die Stadt bis heute zu einem wirtschaftlichen Mittelzentrum entwickeln konnte.

Sehenswürdigkeiten

In der hübschen Altstadt von Obermarsberg beeindruckt eine Reihe von historischen Bauwerken.

An Stelle der ersten **Klosterkirche St. Peter und Paul**, die unter Karl dem Großen errichtet wurde, ragt heute eine dreischiffige Hallenkirche auf. Der romanische Sakralbau mit seinem markanten Westturm weist im Inneren auch barocke Stilelemente auf wie z. B. die imposante Orgel.

Empfehlenswert ist auch ein Blick in die frühgotische **St. Nikolaikirche** aus dem Jahr 1247, deren Südportal als Meisterwerk der Spätromanik gilt. Im Inneren der Stiftskirche ist eine imposante Pietà zu sehen, die ebenfalls aus dem 13. Jh. stammt. Beeindruckend zeigt sich das **Rathaus,** das nach dem Dreißigjährigen Krieg in hellem Sandstein errichtet wurde. Vor dem Gebäude befindet sich ein historischer Schandpfahl, an dem im Mittelalter Strafen verbüßt werden mussten.

An die Vergangenheit als Bergbaustandort erinnern alte Stollen und Bergwerke – die jetzt jedoch für touristische Besichtigungen offen stehen. Besonders eindrucksvoll ist der **Kilianstollen**, der einen informativen Einblick in die einstigen Arbeitsbedingungen der Bergleute und die geheimnisvolle Welt unter Tage gibt. Nach Wunsch können Besucher auch die Fahrt mit einer echten Grubenbahn buchen, die durch den Beuststollen führt (Lillers-Straße 8, Tel.: 0 29 92 / 60 21, www.kilianstollen.de, April–Okt. Sa 14–17 Uhr, So 14:30–15:30 Uhr, zusätzl. in den Ferien Mi 14:30–17 Uhr, Erw. ab 4 €, Kinder ab 2,50 €).

WALDERLEBNISPFAD MEERHOF

Auf einer Länge von 3,5 km führt der Walderlebnispfad durch die vielseitige Landschaft im Naturpark Ebbegebirge. Startpunkt der Rundtour ist am Forsthaus im Marsberger Ortsteil Meerhof, Lange Straße 50. An über 20 Stationen können Besucher den Wald mit allen Sinnen erleben und durch Sehen, Hören und Ertasten verstehen lernen.

Informationen gibt es bei:
Stadtmarketing und Wirtschaftsförderung Marsberg e. V.
(siehe unter Serviceinfo)

ESSEN & TRINKEN
↪✕ *Frische Köstlichkeiten*
Zeitlers Restaurant
Trift 1a, Marsberg
Tel.: 0 29 92 / 65 52 77
www.zeitlers-restaurant.de
Die internationale Küche offeriert saisonale Spezialitäten und verschiedene Buffets. Mo Ruhetag.

↪✕ *Gemütlich*
Hotel Stadt Marsberg
Schildstraße 4, Marsberg
Tel.: 0 29 92 / 97 76 96
www.hotel-stadt-marsberg.de
Passend zur mediterranen Atmosphäre gibt es griechische und italienische Spezialitäten, kombiniert mit Gerichten der deutschen Küche. Tgl. geöffnet.

↪✕ *Im Stobketal*
Landgasthof Mücke
Stobkeweg 8, Marsberg
Tel.: 0 29 92 / 26 29

www.landgasthofmuecke.de
In idyllischer Lage locken frische, saisonale Speisen aus der Region auch viele Radler und Wanderer an. Echte Sauerländer Spezialitäten kann man im Sommer auf der Terrasse oder im Biergarten genießen. Mo Ruhetag.

✕ *Frisch aus dem Ofen*
Café Kleck
Kasseler Straße 20, Marsberg
Tel.: 0 29 94 / 3 31
www.westheim.org/cafe-kleck
Feine Backwaren, Kuchen, Torten und allerlei Gebäck aus hauseigener Produktion werden in zwei Caféräumen serviert. Di Ruhetag.

SPORT & FREIZEIT
Golfanlage Westheim
Kastanienweg 16b
Marsberg-Westheim
Tel.: 0 29 94 / 90 88 54
ww.gc-westheim.de
April bis Nov. tgl. geöffnet, Greenfee 30 € werktags, 36 € am Wochenende.
Naturbelassene 9- und 6-Loch-Golfanlage mit schönem Rundblick auf das Waldecker Upland.

MIT KINDERN UNTERWEGS
Minigolfclub
An den Bleichen 3, Marsberg
Tel.: 0 29 92 / 90 81 81
www.minigolf-marsberg.de
März–Okt. Di bis So ab 14 Uhr, Erwachsene 3,50 €, Kinder 2,50 €. Idyllisch am Waldrand gelegener Minigolfplatz mit 18 Bahnen.

SERVICEINFO
**Stadtmarketing und Wirtschafts-
förderung Marsberg e. V.**
Bäckerstraße 8, 34431 Marsberg
Tel.: 0 29 92 / 82 00
www.tourismus-marsberg.de

▶ BAD WÜNNENBERG

12.300 Einwohner   (S. 183, E2)

An der nördlichen Grenze des
Sauerlands, ganz in der Nähe des
Aabachstausees, liegt das nette
Kneippheilbad in einer abwechs-
lungsreichen Wald- und Quellen-
landschaft.

Im 14. Jh. entstand im Schutz
einer großen Burganlage auf dem
Wünnenberg eine erste befestigte
Siedlung: die heutige Oberstadt.
Trotz mehrerer Stadtbrände und
den verheerenden Auswirkungen
der Pest wuchs die Bevölkerung
stetig an und breitete sich am Fuß
des Hangs – in der Unterstadt – aus.

Zu den Sehenswürdigkeiten des
Ortes zählen neben einem impo-
santen Wehrturm auch ein großer
Pestfriedhof und schöne, historische
Bauwerke wie der Spanckenhof.

MIT KINDERN UNTERWEGS
Barfußpfad

Kieselsteine, weicher Rindenmulch,
kitzelndes Gras, Matsch und ein
erfrischender Bachlauf machen den
1 km langen Barfußpfad im Aatal
südlich des Ortskerns zu einem
wahren Gefühlserlebnis für die
Füße. April bis Okt. täglich geöffnet, der Eintritt ist frei. Informationen bei der Touristik GmbH (s. u.).

SERVICEINFO
Bad Wünnenberg Touristik GmbH
Im Aatal 3
33181 Bad Wünnenberg
Tel.: 0 29 53 / 9 98 80
www.bad-wuennenberg.de

▶ *Blick auf Bad Wünnenberg.*

Zwischen Lenne und Ruhr
Seen, Flüsse und Berge

Herrliche Gegensätze: Zwischen alten Landschlössern und beschaulichen Golddörfern verstecken sich Ruhrperlen wie Meschede oder Bestwig und das pittoreske Schmallenberg. Gleichzeitig bilden die ausgedehnten Wälder, Heidelandschaften und Berggipfel im Hochsauerland ein wahres Paradies für Sport- und Naturfreunde.

▶ ISERLOHN

95.600 Einwohner   (S. 180, B/C4)

Geschichte

Ganz im Westen liegt die größte Stadt des Sauerlands. Erste dauerhafte Siedlungsspuren lassen sich bis ins 6. Jh. zurückverfolgen, als Unterschlupf wurden die zahlreichen Höhlen im Stadtgebiet jedoch schon in der Steinzeit genutzt.

Ihren Namen erhielt die Stadt aufgrund der Eisenerzfunde („Isen" = „Eisen") und Waldgebiete ("Lôh" = westgermanisch „Wald") in der Region.

Unter der Herrschaft der Grafen von Mark entstand im 13. Jh. ein erster Stadtwall, der den Ort vor feindlichen Angriffen schützen sollte. Schon damals führten die Bodenschätze im Umland zu einer Blütezeit der „Eisenstadt", die mit der Kettenhemdherstellung begann. Trotz mehrerer verheerender Stadtbrände entwickelte sich Iserlohn dank der aufstrebenden Metallindustrie zu einer wahren Industriemetropole, in der nun auch Nadeln und Draht produziert wurden.

Davon zeugt auch die städtebauliche Entwicklung: Während sich die großen Industriebetriebe immer mehr an den Stadträndern bzw. im Umland ansiedelten, entstanden im Stadtzentrum vornehme Kaufmannshäuser. Zusammen mit den weiter südlich gelegenen Städten Altena und Lüdenscheid wuchs Iserlohn Ende des 18. Jh. zu einem der größten Industriestandorte weltweit heran und betrieb Handel in ganz Europa.

Bis heute ist die früh industrialisierte Stadt von der Metallverarbeitung geprägt und auch zahlreiche Straßennamen erinnern an die lang zurückreichende Tradition.

Bauwerke

Über 1.000 Jahre alt ist das älteste Gebäude der Stadt bereits: die **Pankratiuskirche**, auch bekannt als Bauernkirche. Das ursprünglich als romanische Basilika erbaute Gebäude wurde mit gotischen Stilelementen restauriert. Schon von Weitem sichtbar ist die **Oberste Stadtkirche**, die hoch oben auf dem Bilstein, einer markanten Felsformation, thront. Im 14. Jh. wurde die gotische Hallenkirche errichtet, in deren Innerem sich bedeutende Kunstschätze wie ein flandrischer Schnitzaltar befinden. Pittoresk zeigen sich auch einige Fachwerkhäuser aus dem Spätmittelalter, die in der Innenstadt zu finden sind. Als Wahrzeichen der Stadt gilt übrigens der **Danzturm**, der seit 1908 auf dem Fröndenberg aufragt. Benannt wurde der 28 m hohe Aussichtsturm nach dem Gymnasialprofessor Ernst Danz, ein Ehrenbürger Iserlohns. Den Aufstieg begleiten regionale Märchen und Sagen, die an die Wände des Treppenhauses gemalt sind. Oben wartet schließlich der wohl schönste Blick über die Stadt.

▶ *Blick über die Dächer von Iserlohn.*

DECHENHÖHLE

Faszinierend glitzern die unzähligen Stalagmiten und Stalaktiten in der weit bekannten Schauhöhle, die man 1868 entdeckt hat. Rund 900 m lang ist die Tropfsteinhöhle, in der neben bizarren Kalkformen auch etwa 80.000 Jahre alte Skelettreste von Höhlenbären und Mammuts gefunden wurden. Diese sind heute z. T. im direkt angegliederten Deutschen Höhlenmuseum ausgestellt.

**Dechenhöhle und
Deutsches Höhlenmuseum**
Dechenhöhle 5, Iserlohn
Tel.: 0 23 74 / 7 14 21
www.dechenhoehle.de
April–Okt tgl. 10–17 Uhr, März + Nov. tgl. 10–16 Uhr, Dez.–Febr. Sa + So 10–16 Uhr, in den NRW-Winterferien tgl. 10–16 Uhr, Erw. 6 €, Kinder 3–14 Jahre 4 €.

Museen

Einen spannenden Einblick in die einstige Industriegeschichte gibt das historische **Fabrikdorf Maste-Barendorf**, das sich im 19. Jh. rund um ein gut laufendes Messingwerk entwickelte. Heute sind in den denkmalgeschützten Fachwerkhäusern ein **Nadelmuseum** und eine **Messinggießerei** untergebracht, außerdem finden auch wechselnde kulturelle Ausstellungen, Lesungen und Konzerte statt (Baarstr. 220–226, Tel.: 0 23 71 / 2 17 19 60, www.museen-iserlohn.de, Do 14–18 Uhr, Fr 14–16 Uhr, Sa + So 11–16 Uhr, Eintritt frei).

Sehr zu empfehlen ist auch ein Besuch des **Stadtmuseums**, das sich in einer prächtigen Barockvilla, einem der schönsten Gebäude der Stadt, befindet. In den zahlreichen Ausstellungsräumen wird die faszinierende Stadtgeschichte wieder lebendig. Besonders eindrucksvoll ist die Abteilung über die Drahtindustrie, die zeigt, unter welchen Bedingungen Arbeiterfamilien einst lebten (Fritz-Kühn-Platz 1, Tel.: 0 23 71 / 2 17 19 60, www.museen-iserlohn. de, Di bis So 10–17 Uhr, Do 10–19 Uhr, Eintritt frei).

Wechselnde Ausstellungen zu moderner Kunst findet man in der **Städtischen Galerie** – ein Schwerpunkt liegt dabei auf der Fotografie (Theodor-Heuss-Ring 24, Tel.: 0 23 71 / 2 17 19 70, www.galerie-iserlohn.de, Öffnungszeiten und Preise je nach Veranstaltung). Sehenswert ist auch das **Haus Letmathe**, das bereits im 15. Jh. als Burganlage errichtet wurde. In den alten Gemäuern erzählen die Ausstellungsstücke von der einstigen bäuerlichen Lebensweise und den Verkehrsmitteln der Vergangenheit (Hagener Straße 62, Tel.: 0 23 71 / 2 17 19 60, www.museen-iserlohn. de, So 10:30–12:30 Uhr, Eintritt frei).

Erholungsregion

Dank seiner waldreichen Lage ist Iserlohn als wahres Erholungsparadies bekannt. Gar nicht weit vom Stadtkern entfernt gilt der **Seilersee**, der eigentlich Callerbachtalsperre heißt, als beliebtes Naherholungsgebiet. Hier laden gut ausgebaute Wege zu einem ausgedehnten Spaziergang oder einer schönen Radtour ein, eine Verleihstation stellt Ruderboote zur Verfügung und ein kleiner Minigolfplatz bietet sich für eine nette Spielrunde an. Darüber hinaus stehen auch eine Boulebahn, eine Reitanlage, eine Halfpipe und ein Fußballplatz zur Verfügung. Erfrischung findet man zudem in dem schön angelegten Seilerseebad, das sich direkt am Ufer des Sees befindet (siehe unter Sport & Freizeit).

Immer beliebter wird Iserlohn auch als Wanderregion – besonders populär ist der **Historische Drahthandelsweg**, der vom Iserlohner Bahnhof nach Altena führt. Entlang der 15 km langen Tour informieren 14 Stationstafeln über die einstige Nutzung des Weges: Dank der reichen Eisenerzfunde entwickelte sich in beiden Städten eine blühende Drahtindustrie – das nötige Material wurde über den heutigen Wanderweg transportiert.

ESSEN & TRINKEN

↩✕ *Romantische Atmosphäre*
Romantik Hotel Neuhaus**
Lösseler Straße 149, Iserlohn
Tel.: 0 23 74 / 9 78 00
www.hotel-neuhaus.de
Das ruhig gelegene Landhaus aus dem Jahr 1753 bietet den Genuss von internationalen Speisen und Sauerländer Spezialitäten mit frischen Zutaten aus dem Kräuter- und Obstgarten. Tgl. geöffnet.

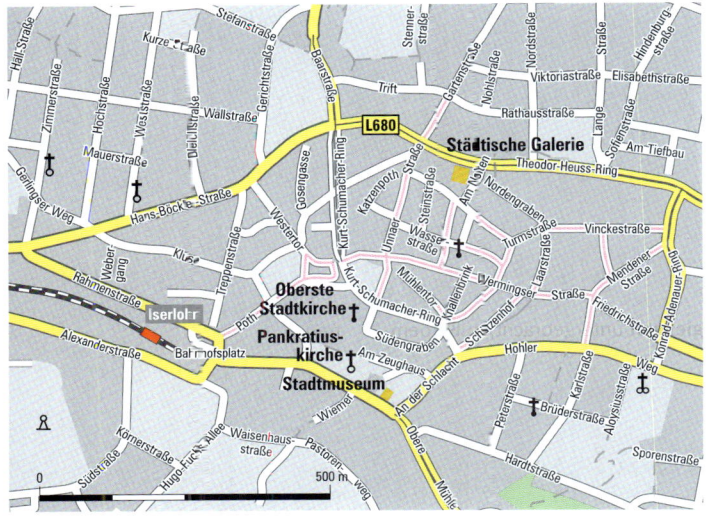

▶ *Iserlohn.*

✗ *Spanisches Flair*

El Ambiente

Theodor-Heuss-Ring 24, Iserlohn

Tel.: 0 23 71 / 77 06 06

www.el-ambiente.de

Im historischen Gewölbekeller unter der Städtischen Galerie werden spanische Tapas und Weine serviert. So Ruhetag.

✗ *Raffinierte Küche*

Carsten's Restaurant

Gartenstraße 5, Iserlohn

Tel.: 0 23 71 / 2 69 83

www.carstens-restaurant.de

Niveauvolles Restaurant mit abwechslungsreicher Speisekarte. Inhaber Carsten Menge offeriert frische, kreative Gerichte je nach Saison. So + Mo Ruhetag.

✗ *Altstadtcafé*

Fuchs & Hase

Von-Scheibler-Straße 1, Iserlohn

Tel.: 0 23 71 / 2 19 72 42

www.pura-luna.de

Unkonventionelles Café mit nettem Flair. Das Angebot reicht vom Früh-stück über eine kleine Mittagskarte bis hin zu leckeren Kaffeespezialitä-ten. Im Sommer laden kleine Tische dazu ein, bei einer gemütlichen Tasse Kaffee das rege Treiben in der Altstadt zu beobachten. So Ruhetag.

✗ *Idyllisch am Wald*

Jagdhaus „Im Kühl"

Im Kühl 50, Iserlohn

Tel.: 0 23 71 / 4 13 88

www.jagdhaus-kuehl.de

▶ *Naherholungsgebiet mitten in der Stadt: der Seilersee.*

Familiäres Restaurant in herrlicher Waldlage. Die umfangreiche Speisekarte bietet frische Salate, Wildspezialitäten und originelle Desserts. Mo Ruhetag.

SPORT & FREIZEIT
Seilerseebad
Seeuferstraße 26, Iserlohn
Tel.: 0 23 71 / 8 07 17 12
www.seilerseebad.de
Mo bis Fr 10–22 Uhr, Sa + So 9–21 Uhr, Tageskarte Solebad 7,50 €, Sauna 11 €.
Schön angelegtes Solebad mit Innen- und Außenbecken, Massagedüsen, Erlebnisduschen, Kneippbecken und Wärmestrahlungsraum. Entspannung pur verspricht außerdem ein Besuch in der Saunalandschaft.

Minigolf am Seilersee
Seeuferstraße 38, Iserlohn
Mobil: 01 74 / 9 20 10 64
April bis Okt. tgl. ab 14 Uhr (bei gutem Wetter), Eintritt 2 €.
Die schön gelegene Minigolfanlage am Seilersee bietet Spielspaß für Groß und Klein.

MIT KINDERN UNTERWEGS
Umweltlehrpfad
Informationen unter Tel.: 0 23 71 / 2 17 29 46.
3 km lang führt der Lehrpfad durch den Iserlohner Stadtwald und erläutert an insgesamt 70 Stationen die Tiere und Pflanzen des Walds, seine Bedeutung und Nutzung sowie den Wasserkreislauf.

ABENDGESTALTUNG
Parktheater Alexanderhöhe
Südstraße/Alexanderhöhe, Iserlohn
Tel.: 0 23 71 / 2 17 18 19
www.parktheater-iserlohn.de
Das Parktheater bietet ein vielseitiges Veranstaltungsprogramm: Theater, Konzerte, Ausstellungen und Kabaretts.

CineStar Iserlohn
Kurt-Schumacher-Ring 1–3
Iserlohn
Tel.: 0 23 71 / 77 44 01
www.cinestar.de
Großes Kino mit 3 D-Filmen, Sneak Preview-Angebot und Familiensonntag.

SERVICEINFO
Stadtinformation Iserlohn
Bahnhofsplatz 2, 58644 Iserlohn
Tel.: 0 23 71 / 2 17 18 20
www.iserlohn.de

▶ HEMER
37.400 Einwohner   (S. 180, C4)

Etwa 6 km östlich von Iserlohn liegt Hemer inmitten zahlreicher Naturschönheiten. Bereits vor über 400 Mio. Jahren schufen Kräfte im Erdinneren Voraussetzungen für den geologischen Reichtum der Region, der im Mittelalter zu einem florierenden Erzabbau führte. Heute ist die waldreiche Stadt vor allem für ihr einzigartiges **Felsenmeer** bekannt. Seit 1962 steht die bizarr zerklüftete Landschaft unter Naturschutz, 2006 wurde sie als „Nationales Geotop" ausgezeichnet. Die

▶ *Das Felsenmeer bei Hemer.*

stark verkarstete Region gehört zu einem ehemaligen Korallenriff, das sich im Zeitalter des Tertiärs zu einer abwechslungsreichen Kegelkarstlandschaft mit weit verzweigten Höhlensystemen formte. Viele Hintergrundinformationen rund um das 13 Hektar große Geotop bietet das **Felsenmeer-Museum**, das sich in einer historischen Jugendstilvilla im Stadtteil Sundwig befindet (Hönnetalstraße 21, Tel.: 0 23 72 / 1 64 54, www.felsenmeer-museum.de, Di bis Fr 15–17 Uhr, Di + Fr zusätzlich und So 11–13 Uhr, Erwachsene 2,50 €, ermäßigt 1,50 €).
Eine spannende Entdeckungstour führt in die **Heinrichshöhle** am Perickberg im Stadtteil Sundwig. Neben faszinierenden Tropfsteinformationen beeindruckt vor allem ein fast 2,5 m langes Höhlenbärenskelett im Inneren der Schauhöhle. Wissenswertes über Höhlen als Lebensräume und Naturphänomene vermittelt das **Höhleninformationszentrum**, in dem auch Führungen gebucht werden können (Felsenmeerstraße 7, Tel.: 0 23 72 / 6 15 49, www.heinrichshoehle.de, Mitte März–Okt. tgl. 10–18 Uhr, Mo nur nach Anmeldung, Nov.–Mitte März So 12–16:45 Uhr, Erwachsene 4 €, Kinder 3 €).
Ein schöner Ausflug führt in das romantische **Hönnetal** im Osten von Hemer, wo man zwischen bis zu 60 m hohen, zerklüfteten Steilhängen ausgedehnte Wanderungen machen kann.
Lohnenswert ist auch ein Besuch im **Sauerlandpark Hemer** – so wird das

ehemalige Kasernenareal genannt, das 2010 für die Landesgartenschau in ein blühendes Gartenparadies verwandelt wurde. Mit verschiedenen Themengärten, Wasserspielen, Blumenwiesen und einem großen Sinnespark wurde eine zentrale Ruheoase geschaffen, die zum Entspannen einlädt (Nelkenweg 7, Tel.: 0 23 72 / 5 50 60, www.sauerlandpark-hemer.de, Mitte April–Anfang Nov. tgl. ab 9:30 Uhr, Erwachsene 3,50 €, Kinder 2 €).

ESSEN & TRINKEN

✕ *Mit Biergarten*

Akropolis

Höcklingser Weg 3, Hemer
Tel.: 0 23 72 / 1 26 79
www.akropolis-hemer.de
Griechische Spezialitäten und die lockere Atmosphäre machen den Besuch des Restaurants zu einem Genuss. Mo Ruhetag.

✕ *Zentral gelegen*

Marjan's

Hademareplatz 38, Hemer
Tel.: 0 23 72 / 50 39 60
www.marjans.de
Familiäres Flair, deftige Snacks und eine umfangreiche Getränkekarte. Im Sommer lockt der Blumengarten nach draußen. Tgl. geöffnet.

SERVICEINFO

Stadt Hemer

Hademareplatz 44
58675 Hemer
Tel.: 0 23 72 / 55 10
www.hemer.de

NATURPARK HOMERT

!TIPP

550 km² groß ist der Naturpark Homert, der zwischen der Ruhr im Norden und der Lenne im Süden liegt. Namensgebend war die höchste Erhebung der Region, die 656 m ü. NN hohe Homert. Geprägt wird die abwechslungsreiche Landschaft von dichten Wäldern, weiten Heideflächen, malerischen Flusstälern und bizarren Felsformationen.

Beschilderte Rad- und Wanderwege laden dazu ein, die artenreiche Flora und Fauna des Schutzgebiets zu erkunden. Neben herausragenden Naturattraktionen wie dem Hönnetal, der Balver- und Heinrichshöhle sind übrigens auch zahlreiche kulturelle Sehenswürdigkeiten zu entdecken. Dazu gehören z. B. das Kloster Brunnen in Sundern, das Schloss Laer bei Meschede und die Lambertuskirche in Affeln.

▶ BALVE

12.100 Einwohner (S. 181, D5)

Nur wenige Kilometer westlich des Sorpesees lohnt die beschauliche Stadt Balve einen Besuch. Ein gemütlicher Spaziergang durch die historische Altstadt führt an schmucken Fachwerkhäusern vorbei zur imposanten **St. Blasius Kirche**. Die romanische Hallenkirche stammt aus dem 12. Jh. und beherbergt im Inneren kostbare Wandgemälde aus dem 13. Jh.

Einen Einblick in die Industriegeschichte der Stadt bietet die **Luisenhütte Balve-Wocklum**. Die 1748 errichtete Hochofenanlage zählt zu den ältesten in Deutschland. Bis 1865 wurde Eisen verhüttet und weiterverarbeitet – wie das geschah, erfahren Besucher im Erlebnismuseum. Auf dem Gelände kann – einzigartig in Deutschland – das vollständig erhaltene Hüttenensemble mit Hochofen und Eisengießerei besichtigt werden (Tel.: 0 23 75 / 31 34, Mai b–Okt. Di bis Fr 9:30–17 Uhr, Sa + So 11–18 Uhr, Erw. 4 €, ermäßigt 2 €).

Ebenfalls auf dem Gelände, im ehemaligen Stabhammer der Luisenhütte, befindet sich das **Städtische Museum für Vor- und Frühgeschichte**, das Besucher auf eine interessante Zeitreise in die Erd- und Menschgeschichte im Hönnetal mitnimmt (Tel.: 0 23 75 / 31 34, Mai–Okt. Di bis Fr 9:30–17 Uhr, Sa + So 11–18 Uhr, Erwachsene 1 €, ermäßigt 0,50 €).

Höhlenwelten

Weit über die Region hinaus ist die **Balver Höhle** bekannt, die als Europas größter Höhlensaal gilt. Geschichtsträchtige Fundstücke wie Mammutzähne, Skelette und Steinwerkzeuge zeugen davon, dass die Naturhöhle bereits vor Jahrtausenden Menschen und Tieren als Unterschlupf diente. Heute wird der riesige Felsendom dank seiner einzigartigen Akustik für Theateraufführungen und Konzerte genutzt (Helle 2, Besichtigungen nur nach Anmeldung unter Tel.: 0 23 75 / 92 61 90, www.balver-hoehle.de). Eine faszinierende unterirdische Märchenwelt erwartet Besucher auch in der **Reckenhöhle** in Balve-Binolen. 1888 wurde die Tropfsteinhöhle entdeckt und bereits zwei Jahre später als Schauhöhle zugänglich gemacht. Auf 500 m Länge erwartet Besucher nun ein bizarr anmutendes Höhlensystem mit beeindruckenden Stalagmiten und Stalaktiten (Binolen 1, Tel.: 0 23 79 / 2 09, www.reckenhoehle.de, April–Okt. Di bis So 10–16:30 Uhr, Nov.–März nur nach Voranmeldung, Erwachsene 4 €, Kinder 3 €).

Ausflugsziel Sorpesee

Im Osten von Balve lockt das Freizeitparadies Sorpesee Wanderer, Radfahrer und Wassersportler an. Rund 8 km lang erstreckt sich die Talsperre, die zur Wasserregulierung und Stromerzeugung genutzt wird, in Nord-Süd-Richtung. Neben ausgeschilderten Wander- und

▶ *Der Sorpesee.*

Radwegen finden sich am Ufer auch zahlreiche Strandbäder, Bootsverleihstationen, eine Tauchschule, ein Hochseilgarten und ein Golfplatz. Jede Stunde legt außerdem das Fahrgastschiff MS Sorpesee zu einer einstündigen Rundfahrt über den See ab (www.sorpesee.de).

ESSEN & TRINKEN
⇌ ✕ *Mit Terrasse*
Waldgasthaus Klingelnborn
Klingelnborn 1, Balve
Tel.: 0 23 75 / 51 90
Schöne Waldlage, gutbürgerliche Küche und sonntags Buffet.
Mi + Do Ruhetag.

✕ *Traditionsreich*
Drostenkeller
Am Drostenplatz 8, Balve
Tel.: 0 23 75 / 20 31 ´8

Die gemütliche Gaststätte offeriert in historischem Ambiente internationale Küche und Flammkuchenspezialitäten. Mit Biergarten.
So Ruhetag, im Winter auch Mo.

SPORT & FREIZEIT
Turnierplatz Wocklum
Postfach 1314, Balve
Tel.: 0 23 75 / 92 90 90
www.balve-optimum.de
Jeden Sommer findet auf dem Reitplatz in herrlicher Lage direkt am Schloss Wocklum ein internationales Spring- und Dressurreitturnier statt.

SERVICEINFO
Verkehrsverein Balve e. V.
Widukindplatz 1
58802 Balve
Tel.: 0 23 75 / 92 61 90
www.balve.de

► ARNSBERG

75.300 Einwohner   (S. 181, E4)

Malerisch eingebettet in die wald-reiche Landschaft liegt der Ort, der von 1368 bis 1803 die Hauptstadt des Herzogtums Westfalen war. Geprägt wird die mittelalterliche Altstadt mit ihren romantischen, verwinkelten Gassen und pittores-ken Fachwerkhäusern durch die Ruhr, die sich durch das Stadtgebiet schlängelt. Reich an historischen Bauwerken blickt Arnsberg auf eine lange Geschichte wechselnder Herrscher zurück: die Grafen von Arnsberg, die Kölner Kurfürsten und die Preußen.

Grafen, Kurkölner und Preußen

Vom 11. bis zum 14. Jh. entwickelte sich im Schutz zweier Burganla-gen der Arnsberger Grafen eine blühende Siedlung (die heutige Oberstadt), die schon bald erweitert werden musste (Unterstadt). Nach-dem der letzte Graf von Arnsberg ohne Nachkommen blieb, vermach-te er die Grafschaft im Jahr 1368 den Kölner Erzbischöfen. Mit deren Einzug in die Stadt begann eine prunkvolle Zeit, aus der das präch-tige Renaissanceschloss hervorging. Heute thronen nur noch Ruinenres-te hoch oben auf dem Schlossberg, da das imposante Bauwerk im Siebenjährigen Krieg zerstört wurde. Nur wenige Jahrzehnte später begann die preußische Herrschafts-zeit mit Arnsberg als Regierungssitz. Rund um den Neumarkt entstand das Klassizismusviertel – ein neuer Stadtteil für die Bürger und Beam-ten, die von Berlin in die Ruhrstadt umziehen mussten. Bis heute gilt

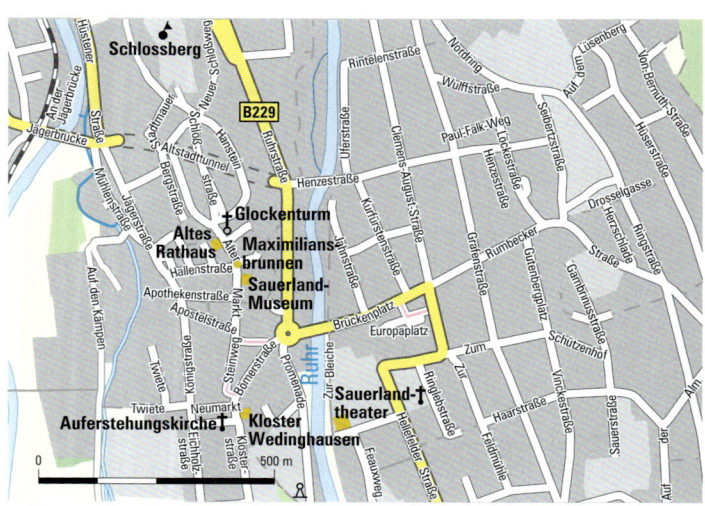

► Arnsberg.

► *Das Alte Rathaus ▶ Arnsberg.*

das in sich geschlossene Preußenviertel als einzigartig in ganz Westfalen.

Altstadtflair

Umgeben von verwinkelten, kleinen Gassen und malerischen Fachwerkhäusern ragt der mittelalterliche **Glockenturm** in der Altstadt auf, der mit dem **Alten Rathaus** und dem **Maximiliansbrunnen** zur „Guten Stube" von Arnsberg zählt. Als Teil der ehemaligen Stadtbefestigung gehört der mächtige Turm zu den ältesten Bauwerken im Ort. Die spannenden Geschichten, die sich in Arnsbergs faszinierender Stadtentwicklung verbergen, kann man im Rahmen einer **Stadtführung** haut-

nah erleben. Ob mittelalterlicher Rundgang, romantische Laternenwanderung oder auf den Spuren der Wasserkunst – in den engen, verwinkelten Straßenzügen lernt man auf unterhaltsame Weise sehr viel Wissenswertes (Informationen und Anmeldung beim Verkehrsverein Arnsberg; siehe unter Serviceinfo).

Drei Prämonstratenserklöster

Außergewöhnlich ist auch die Anzahl an Prämonstratenserklöstern im Stadtgebiet. In einem Abstand von lediglich 12 km Luftlinie befinden sich gleich drei Anlagen des Ordens: Kloster Wedinghausen, Kloster Oelinghausen und Kloster Rumbeck. Aus Reue für den Mord

NATURPARK ARNSBERGER WALD

Im Norden der Stadt beginnt der knapp 500 km² große Naturpark Arnsberger Wald, der sich bis zur Möhne ausbreitet und die Möhnetalsperre einschließt. Das bewaldete Mittelgebirge wird geprägt von malerischen Taleinschnitten, plätschernden Wasserläufen und weiten Seen – eine herrliche Naturlandschaft also, die zu ausgedehnten Wanderungen einlädt. Schön sind auch die pittoresken kleinen Dörfer, die zwischen den dichten Waldflächen aufblitzen. Viel Kultur und Geschichte können Besucher hier entdecken und kommen außerdem noch in den Genuss der ursprünglichen Sauerländer Küche. Ein tolles Erlebnis ist der 3,5 km lange Rundweg „Klangwald", der unweit des Möhnesees beim Torhaus ausgeschildert ist. An insgesamt zehn Stationen kann man Waldgeräusche wie Knacken, Rauschen, Schwingen etc. bewusst genießen. Wer den Naturpark gerne aus der Vogelperspektive betrachten möchte, ist im Lörmecketurm bei Meschede-Eversberg genau richtig. 204 Stufen führen auf den 35 m hohen Turm, der sich durch seine offene Holzbauweise harmonisch in die Umgebung einfügt.

an seinem Bruder Friedrich stiftete Graf Heinrich I. von Arnsberg im Jahr 1170 das **Kloster Wedinghausen** mit seiner romanischen Basilika. Beeindruckend zeigen sich besonders die Apsis aus dem 13. Jh., das romanische Kruzifix im rechten Seitenschiff sowie der Kreuzgang (Klosterstraße 11, Tel.: 0 29 31 / 34 03, Di bis Sa 9:30 – 12 Uhr und 14:30 – 18 Uhr, So ganztägig). Nur wenige Kilometer weiter östlich errichteten die Prämonstratenser in geschenkten Hofgebäuden das **Kloster Rumbeck**, ein Damenstift. Eine Besichtigung lohnt die gut erhaltene Klosterkirche, die tagsüber für Besucher offen steht (Mescheder Straße 73 – 81, Tel.: 0 29 31 / 1 45 25). Schön ist auch ein Spaziergang auf dem „Poesiepfad" durch den alten Klostergarten, der an 20 Stationen ausgewählte Literatur vorstellt.

Die dritte Anlage, das **Kloster Oelinghausen**, liegt eingebettet in idyllische Wiesen und stammt aus dem Jahr 1174. Ursprünglich als Doppelkloster gegründet, wurde daraus im 13. Jh. ein reines Damenstift. Im 18. Jh. galt Oelinghausen dank seiner wertvollen Kunstschätze als eines der reichsten Nonnenklöster in ganz Westfalen. Auch heute noch sind zahlreiche Kostbarkeiten wie eine romanische Madonna oder der barocke Hochaltar im Inneren der barocken Klosterkirche zu entdecken (Oelinghausen 2, Tel.: 0 29 32 / 3 16 94, Mo bis So ab 9 Uhr).

▶ *Ein klassizistisches Gartenhaus in Arnsberg.*

Kunst und Kultur

Doch nicht nur das historische Erbe prägt Arnsberg, sondern auch die vielseitige Kunst- und Kulturlandschaft, die sich in der Stadt entwickelte. Im Landberger Hof, einem prächtigen Gebäude aus dem Jahr 1605, ist heute das **Sauerland-Museum** untergebracht. Hier lernen Besucher alles über die wechselvolle Geschichte des kurkölnischen Sauerlands – von den ersten Besiedlungsspuren bis hin zur Nachkriegszeit des Zweiten Weltkriegs. Spannend sind auch die wechselnden Sonderausstellungen (Alter Markt 24–26, Tel.: 0 29 31 / 40 98, www.sauerland-museum.de, Di bis Fr 9–17 Uhr, Sa 14–17 Uhr, So 10–18 Uhr, Erwachsene 2 €, Kinder 6–18 Jahre 1 €).
In einem pittoresken, denkmalgeschützten Fachwerkhaus befindet

sich das **Kunsthaus Sepia**, in dem wechselnde, moderne Kunstausstellungen, Ateliervorführungen und Workshops angeboten werden, die Kunst einem breiten Publikum präsentieren (Schlossstraße 3, Tel.: 0 29 31 / 47 17, www.kunsthaus-sepia.de, Sa + So 15–17 Uhr). Viele der dort tätigen Künstler wirken auch beim **Arnsberger Kunstsommer** mit, der jedes Jahr im Sommer stattfindet. Bei dem zehntägigen Festival verwandelt sich die Stadt in das kreative Zentrum des Sauerlands und lockt mit Ausstellungen, Konzerten, Open-Air-Kino, Lichtinszenierungen und vielen weiteren künstlerischen Angeboten Tausende von Besuchern an (Alter Markt 19, Tel.: 0 29 31 / 8 93 11 20, www.kunstsommer-arnsberg.de).

ESSEN & TRINKEN

↪✗ *Abwechslungsreiche Küche*
Restaurant Gambrinus
Gutenbergplatz 40, Arnsberg
Tel.: 0 29 31 / 1 65 33
www.gambrinus-arnsberg.de
In gemütlicher Atmosphäre werden Fleischgerichte, internationale Speisen und jugoslawische Spezialitäten serviert. Mo Ruhetag.

↪✗ *Traditionsreich*
Hotel Menge
Ruhrstraße 60, Arnsberg
Tel.: 0 29 31 / 5 25 20
www.hotel-menge.de
In einem alten Landgasthof bietet das elegante Restaurant saisonale,

leichte Küche von einem der besten Köche im Sauerland – Christoph Menge. So + Mo Ruhetag.

⇄✕ *Elegantes Ambiente*
Zum Landsberger Hof***
Alter Markt 18–20, Arnsberg
Tel.: 0 29 31 / 8 90 20
www.landsberger-hof.de
Das Restaurant im Hotel Landsberger Hof offeriert gehobene gutbürgerliche Küche und Westfälische Spezialitäten. Mi Ruhetag.

⇄✕ *Gehobene Küche*
Dorint Hotel und Sportresort
Zu den drei Bänken, Arnsberg
Tel.: 0 29 32 / 20 01
www.dorint.com/de/sporthotel-sauerland
Frisch und kreativ präsentieren sich die regionalen Speisen, die in dem eleganten Restaurant serviert werden. Tgl. geöffnet.

SPORT & FREIZEIT
Wildwald Voßwinkel
Bellingsen 5, Arnsberg-Vosswinkel
Tel.: 0 29 32 / 9 72 30
www.wildwald.de
April–Okt. tgl. 9–17 Uhr,
Nov.–März Di bis Fr 12–16 Uhr,
Sa + So 9–17 Uhr, Erwachsene ab 4,50 €, Kinder ab 4 €.
Auf zwei Rundwegen können Besucher den Wildwald Vosswinkel erkunden. Mit etwas Glück kreuzen dabei Hirsche, Wildschweine, Greifvögel oder Füchse den Weg. Informationstafeln erläutern die Besonderheiten der Flora und Fauna.

Außerdem: Fütterungen, Waldgaststätte und Grillstellen.

Freizeitbad Nass
Vogelbruch 30, Arnsberg
Tel.: 0 29 32 / 47 57 30
www.nass-arnsberg.de
Tgl. 9–22 Uhr geöffnet, Erwachsene ab 6,10 €, Kinder ab 3,50 €.
Das moderne Erlebnisbad bietet Wassergenuss vom Feinsten: Schwimmbecken, Strömungskanal, Massagedüsen, Whirlpools, Rutsche, Solebecken und große Saunawelt.

MIT KINDERN UNTERWEGS
Klettergarten Wildwald
Bellingsen 5
59757 Arnsberg-Vosswinkel
Tel.: 0 29 31 / 9 72 39
www.klettergarten-wildwald.de
April–Okt. Fr 14–20 Uhr, Sa + So 12–20 Uhr, Nov.–März nur nach Voranmeldung Sa + So ab 11 Uhr, Erw. 14 €, Kinder bis 12 Jahre 11 € zzgl. Eintritt in den Wildpark.
Zwischen den Bäumen des Wildparks Vosswinkel warten insgesamt sechs Parcours in verschiedenen Schwierigkeitsgraden auf sportliche Naturfreunde.

ABENDGESTALTUNG
Sauerlandtheater
Feauxweg 9, Arnsberg
Tel.: 0 29 31 / 8 93 11 43
Unterhaltsames Schauspiel auf hohem Niveau bietet das Sauerlandtheater. Außerdem: Musicals, Comedy und Konzerte.

SERVICEINFO
Verkehrsverein Arnsberg e. V.
Neumarkt 6, 59821 Arnsberg
Tel.: 0 29 31 / 40 55
www.arnsberg-info.de

▶ MESCHEDE

31.600 Einwohner   (S. 182, B4)

Malerisch schlängelt sich die Ruhr
durch Meschede und seine Ortsteile, deren Siedlungsanfänge z. T.
bis ins 8. Jh. nachgewiesen werden
können. In der Kernstadt selbst
wurde aufgrund der strategischen
Flusslage an der Kreuzung zweier
Handelswege im 9. Jh. ein adeliges
Damenstift errichtet, das den
Beginn einer lang anhaltenden Blütezeit einläutete. Obwohl Meschede
im frühen Mittelalter zu den größten und mächtigsten Stiftstädten
Westfalens zählte, stand es immer
unter dem Herrschaftseinfluss der
Grafen von Arnsberg. Im 13. Jh.
ließen diese die beiden heutigen

HENNESEE

Am südlichen Stadtrand von Meschede
beginnt das beliebte Naherholungsgebiet Hennesee. Ebenso wie auch
die anderen großen Talsperren des
Sauerlands dient der Stausee zur
Wasserregulierung und Trinkwasserspeicherung, gleichzeitig wird er auch
zur Stromerzeugung genutzt. Mit
zwei großen Badebereichen, mehreren
Ruderbootverleihstationen, Angelrevie-
ren, Segelclubs sowie gut erschlosse-
nen Wander- und Radwegen ist der
Hennesee ein beliebtes Ausflugsziel
bei Einheimischen und Touristen. Einen
schönen Blick über den See ermöglicht
eine Rundfahrt mit dem Fahrgastschiff
MS Hennesee, die von Ostern bis
Oktober jeden Tag stündlich stattfindet
(www.hennesee.de).

Stadtteile Eversberg und Grevenstein als Planstädte anlegen, um
ihre Machtstellung gegenüber dem
Kurkölner Einfluss zu sichern. Heute

▶ *Das Fahrgastschiff Hennesee.*

zählen die beschaulichen Ortsteile zu den gern besuchten Sehenswürdigkeiten der Ruhrstadt.

ESLOHE

Knapp 20 km von Meschede entfernt, liegt die Gemeinde **Eslohe** (9.000 Einwohner), deren Gassen von Fachwerkhäusern gesäumt werden. Mitten in der Altstadt ragt die **St. Peter und Paul-Kirche** auf, die mit einer barocken Innenausstattung beeindruckt. Zu den größten Attraktionen des Ortes gehört das **Maschinen- und Heimatmuseum Eslohe**, in dem ein großer Fuhrpark historischer Dampfmaschinen zu bewundern ist. Jedes Jahr im Mai und September kann man die kolossalen Fahrzeuge sogar in Aktion erleben. Auf 2.000 m² sind außerdem traditionelle Handwerkzeuge, eine alte Schmiede und vieles mehr zur Heimat- und Volkskunde der Region ausgestellt (Homertstraße 27, Tel.: 0 29 73 / 24 55, www.museum-eslohe.de, Mi bis Sa 15–17 Uhr, So 10–12 Uhr (Nov.–März) bzw. 10–16 Uhr (April–Okt.), Erw. 4 €, Kinder 6–16 Jahre 2,50 €).

ESSEN & TRINKEN
Essel Bräu
St.-Rochus-Weg 1, Eslohe
Tel.: 0 29 73 / 9 76 50
www.essel-braeu.de
Urige Atmosphäre, Sauerländer Spezialitäten und selbstgebrautes Bier. Tgl. geöffnet.

SERVICEINFO
Tourismusverband Eslohe e. V.
Kupferstraße 30, 59889 Eslohe
Tel.: 0 29 73 / 4 42
www.ferienregion-eslohe.de

Sehenswürdigkeiten
Schon aus der Ferne grüßt die mächtige Kirche der **Abtei Königsmünster** vom Klosterberg. Wie eine imposante Burg wirkt der Klinkerbau von Weitem, der im 20. Jh. für das Benediktinerkloster erbaut wurde und heute als eines der Wahrzeichen der Stadt gilt. Bei einer Führung oder einem Besuchertag gewinnen Gäste einen Einblick in das Leben der Mönche und die Klostergeschichte (Klosterberg 11, Tel.: 02 91 / 2 99 52 10, www.koenigsmuenster.de, nur nach Anmeldung).
Am Fuß des Klosterbergs breitet sich die Altstadt aus, in deren Mitte die **St. Walburga-Kirche** aufragt. Der gotische Hallenbau erhebt sich heute dort, wo bereits im 9. Jh. eine karolingische Basilika stand – dank archäologischer Ausgrabungen fand man alte Tongefäße, die einstige Choranlage sowie eine historische Krypta. Eine Besichtigung der wertvollen Fundstücke ist nach Voranmeldung unter Tel.: 02 91 / 18 20 möglich.

Stadtteil Eversberg
Einen weiteren spannenden Einblick in vergangene Zeiten bietet das **Heimatmuseum** im malerischen Stadtteil Eversberg. In dem hübschen Fachwerkhaus aus dem 18. Jh. illustrieren die Ausstellungsstücke das bäuerliche Leben und die Kulturgeschichte von einst (Mittelstraße 12, Tel.: 02 91 / 5 06 74, Di, Do, Sa 15–17 Uhr, So 11–12

Uhr, Erw. 1 €, Kinder 0,50 €).
Nach einem Besuch lohnt sich ein
Spaziergang durch die von pittoresken Fachwerkhäusern gesäumten
Gassen des Dorfes. Am höchsten
Punkt, auf 453 m ü. NN, ragt die
romantische **Burg Eversberg** auf,
die im 13. Jh. von Graf Gottfried III.
von Arnsberg erbaut wurde. Heute
sind nur noch Ruinenreste vorhanden, die allerdings einen wunderschönen Blick auf Eversberg und das
Ruhrtal bieten.

VELTINS-Brauerei

Seit 1824 wird in Meschede-
Grevenstein Bier gebraut: Über
2,5 Mio. Hektoliter des beliebten
Getränks produziert die Traditionsbrauerei C & A VELTINS. Bei einer
Brauereibesichtigung kann man die
gewaltig anmutenden Brau- und
Abfüllanlagen aus nächster Nähe
erleben – inklusive Verköstigung
eines frisch gezapften Biers (An der
Streue, Meschede-Grevenstein, Tel.:
0 29 34 / 95 90, www.veltins.de,
Führungen ohne Anmeldung Di
9:30 Uhr. Eintritt frei).

ESSEN & TRINKEN
☛✕ *Originelles Flair*
Welcome Hotel Meschede
Berghausen 14
Meschede-Berghausen
Tel.: 02 91 / 2 00 00
www.welcome-hotels.com
Schlemmereien à la Carte gibt es
gleich in vier Restaurantbereichen:
mit herrlichem Blick im Wintergarten, im Stil der 50er Jahre im

Restaurant Windrose, im liebevoll
gestalteten Speisesaal Seeblick oder
der urigen Kneipe Klabautermann.
Tgl. geöffnet.

☛✕ *Elegant*
Von Korff's
Le-Puy-Straße 19, Meschede
Tel.: 02 91 / 9 91 40
www.hotelvonkorff.de
Hinter der schmucken Fassade des
Patrizierhauses lädt das traditionsreiche Hotelrestaurant zu gehobenem À-la-carte-Essen ein. Mit
großer Terrasse und Biergarten im
Sommer. Tgl. geöffnet.

☛✕ *Ländliche Gemütlichkeit*
Xaver's Ranch
Vellinghausen 2
Meschede-Vellinghausen
Tel.: 02 91 / 5 02 53
www.xavers-ranch.com
Sauerländer Spezialitäten offeriert
der urige Landgasthof. Do Ruhetag.

SPORT & FREIZEIT
Hallen- und Freibad Meschede
Le-Puy-Straße 43, Meschede
Tel.: 02 91 / 12 46
Mitte Mai–Aug. Mo 11–20 Uhr,
Di bis Fr 6–7:30 Uhr und
10–20 Uhr, Sa + So 9–18 Uhr,
Erwachsene 3,50 €, Jugendliche
2,50 €.
Direkt an der Ruhr liegt das
großzügige Freibad mit großem
Außenbecken, Wasserrutsche,
Kinderplanschbereich, Beach-Volleyballfeld, Tischtennisplatten und
Spielplatz.

Alaska-Bowl
Le-Puy-Straße 24
Tel.: 02 91 / 9 08 67 15
Bowlingcenter mit 14 Bahnen, Billard und Brasserie. Fr und Sa Open End, Mo geschlossen.

SERVICEINFO
Touristikbüro Meschede
Le-Puy-Straße 6−8
59872 Meschede
Tel.: 02 91 / 9 02 24 43
www.meschede.de

▶ BESTWIG

11.400 Einwohner   (S. 182, C4)

Direkt an der Ruhr liegt die Kleinstadt Bestwig, die auf eine lange Bergbaugeschichte zurückblicken kann. Erste Siedlungsspuren lassen sich bereits in der Bronzezeit nachweisen, wie Fundstücke in der **Veledahöhle** deutlich machen. Die Tropfsteinhöhle diente einst als heidnische Wohn- und Kultstätte – heute kann jedoch nur noch der Eingang besichtigt werden.

Reiche Erzfunde führten dazu, dass seit dem Mittelalter Silber, Blei, Zink und Schiefer abgebaut werden konnten. Einen Einblick in die rund 500 Jahre alte Bergbaugeschichte gibt das **Sauerländer Besucherbergwerk Ramsbeck**. Ausgestellte Exponate informieren im Museum über die einstige Arbeit unter Tage, während man bei einer 1,5 km langen Fahrt mit der Grubenbahn – ausgestattet mit Helm und Schutzkleidung – die düsteren Stollen hautnah besichtigen kann. 300 m unter der Erde herrschen ca.

▶ *Die Grubenbahn im Sauerländer Besucherbergwerk Ramsbeck.*

12°C und man kann erahnen, wie mühsam die einstigen Arbeitsbedingungen waren (Glück-Auf-Straße 3, Tel.: 0 29 05 / 2 50, www.besucherbergwerk-ramsbeck.de, Di bis So 9–17 Uhr, Dez. Winterpause, Erwachsene 7,50 €, Kinder 5 €). Heute werden die dunklen Gänge jedoch als romantische Kulisse genutzt: An ausgewählten Terminen

 findet ein sogenanntes **Grubenlight-Dinner** statt – bei Kerzenschein wird ein deftiges Menü auf Schieferplatten serviert (Informationen unter Tel.: 0 29 04 / 9 71 00, www.hotel-nieder.de). An die lange Bergbautradition in der Region erinnert auch der **Venetianerstollen**, in dem seit dem 10. Jh. Blei und Kupfer abgebaut wurden. Am Eingang informieren Schilder über die einstige Nutzung, der Stollen selbst ist jedoch nicht begehbar. Ein weiteres Relikt aus Bergbauzeiten ist der **Rauchgaskamin** am Bastenberg. Der mächtige Turm diente früher als Kamin, durch den Abgase aus dem Bergwerk geleitet wurden. Nach der Stilllegung bietet er nun einen schönen Ausblick über das Valmetal.

ESSEN & TRINKEN

✕ *Romantisches Flair*
Flair-Hotel Nieder
Hauptstraße 19, Bestwig-Ostwig
Tel.: 0 29 04 / 9 71 00
www.hotel-nieder.de
Kreative Sauerländer Küche mit mediterranem Einschlag. Besonderheit: Grubenlight-Dinner! Tgl. geöffnet.

✕ *Italienisch*
Ristorante Toscana
Bundesstraße 141a, Bestwig
Tel.: 0 29 04 / 97 68 77
Nettes Flair und eine große Auswahl an Pizza und Pasta lohnen einen Besuch. Di Ruhetag.

✕ *Große Auswahl*
Café Hamich
Uferweg 5, Bestwig-Ramsbek
Tel.: 0 29 05 / 2 03
www.cafe-hamich.de
Hausgemachte Backwaren, Torten und Gebäck. Tgl. geöffnet.

✕ *Landhausstil*
Waldhaus Föckinghausen
Föckinghausen 23, Bestwig
Tel.: 0 29 04 / 9 77 60
www.hotel-waldhaus.com
Das gemütliche Restaurant in herrlicher Alleinlage lockt mit Sauerländer Köstlichkeiten und internationaler Küche. Mit Spielplatz und Gartenwirtschaft. Mo Ruhetag.

MIT KINDERN UNTERWEGS
Fort Fun Abenteuerland
Aurorastraße, Bestwig
Tel.: 0 29 05 / 8 11 23
www.fortfun.de
Mitte April–Anfang Nov. ab 10 Uhr, Erwachsene 24,50 €, Kinder (90–150 cm Körpergröße) 19,90 €. Großer Freizeitpark mit Achterbahnen, Wasserrutschen, Riesenrad und vielen weiteren Fahrgeschäften. Außerdem: spannende Shows rund um Cowboys, Indianer und Entdecker, Imbissbuden und Restaurants.

SERVICEINFO
Gemeinde Bestwig
Rathausplatz 1
59909 Bestwig
Tel.: 0 29 04 / 98 70
www.bestwig.de

▶ SCHMALLENBERG

25.600 Einwohner   (S. 186, B2)

Geschichte

Schiefergedeckte Fachwerkhäuser
mit geschnitzten Türen, klassizis-
tische Bauten und schmale, recht-
winklige Gassen prägen die Altstadt
der fast 800 Jahre alten Stadt,
die nach einem zerstörerischen
Großbrand im 19. Jh. planmäßig
neu angelegt wurde. Bereits im
Mittelalter war die Handelsstadt als
Textilindustriestandort bekannt, was
zu dem Beinamen „Strumpfstadt"
führte.

Ihren richtigen Namen verdankt
Schmallenberg den Benediktiner-
mönchen, die im Jahr 1072 das
Kloster Grafschaft errichteten. Zum
Schutz der Abtei wurde im 12. Jh.
eine kleine, „smale" Burg errichtet,
auf die der Name „Schmallenberg" zurückzuführen ist. An diese
vergangenen Zeiten erinnert eine
Ausstellung mit sakralen Gemälden,
Büchern und Exponaten, welche in
den barocken Räumlichkeiten untergebracht ist (Annostraße 1, Tel.:
0 29 72 / 7 91 00, Di 14–16 Uhr,
So 10–11:30 Uhr und 14–16 Uhr,
Gruppenführungen auf Anfrage,
Eintritt frei). Heute gilt Schmallenberg flächenmäßig als zweitgrößte
Stadt Nordrhein-Westfalens, denn
insgesamt liegen 83 Ortsteile malerisch in die bewaldete Hügellandschaft eingebettet.

▶ *Blick auf den Ortskern von Schmallenberg.*

Sehenswürdigkeiten

Das **Kunsthaus Alte Mühle** befindet sich in der einst gen Mahl- und Ölmühle, die heute unter Denkmalschutz steht. Neben Ausstellungen von nationalen und internationalen Künstlern finden in den Räumlichkeiten auch Seminare, Lesungen und Konzerte statt (Unter der Stadtmauer 4, Tel.: 0 29 72 / 4 81 06, www.kunsthaus-alte-muehle.de, Feb.–Juni und Sept.–Nov. Mi bis So 15–18 Uhr während einer Ausstellung, Eintrittspreise richten sich nach Art der Veranstaltung).

Graue Schieferdächer und Wandverkleidung sind an vielen Häusern im Sauerland zu sehen. Wie Schiefer geologisch entsteht und abgebaut wird, ist im **Westfälischen Schieferbergbau- und Heimatmuseum** im Schmallenberger Ortsteil Holthausen zu sehen. Verschiedene Ausstellungen informieren zudem über die Heimatgeschichte, Flora und Fauna sowie Kultur der Region (Kirchstraße 7, Holthausen, Tel.: 0 29 74 / 69 32, www.museum-holthausen. de, Mi, Fr und Sa 14–17 Uhr, So 10–13 Uhr, Erw. 2 €, Kinder 1 €). Einen Einblick in ein Stück Sauerländer Industriegeschichte gibt das **Besteckmuseum Fleckenberg** im Ortsteil Fleckenberg. Bis 1982 produzierte die Fabrik an der Lenne Essbestecke, die weltweit verkauft wurden. Heute steht die gesamte Anlage unter Denkmalschutz und ist als technisches Museum der Öffentlichkeit zugänglich (Wiesenstraße 11, Tel.: 0 29 72 / 63 96, www.besteckfabrik.com, ganzjährig Sa 15–17 Uhr, April–Okt. zusätzlich Mo 15–17 Uhr, Mi 10–12 Uhr, Erwachsene 2 €, Kinder 1 €).

Wanderregion

Waldreich und hügelig zeigt sich die Landschaft des Schmallenberger Sauerlands, die auf zahlreichen Wanderwegen erschlossen werden kann. Weit bekannt ist der **Kyrill-Pfad**, der nach dem zerstörerischen Orkan im Januar 2007 benannt ist. Ausgangspunkt ist die Ranger-Station im Ortsteil Schanze. Bis heute ragen zersplitterte Baumstümpfe und umgestürzte Bäume in die Höhe. Auf angelegten Stegen und Plattformen können Wanderer das Chaos überblicken und hautnah erleben, was durch Kyrill entstand. Den Wald als Kunstobjekt erlebt man dagegen auf dem **Waldskulpturenweg**. Auf einer Länge von 23 km führt der Wanderweg von Schmallenberg nach Bad Berleburg an Kunstobjekten nationaler und internationaler Künstler vorbei.

ESSEN & TRINKEN

In der Altstadt

Hotel Stoffels
Weststraße 29, Schmallenberg
Tel.: 0 29 72 / 59 30
www.hotel-stoffels.de
Landhotelrestaurant mit Bierstube. Regionale und saisonale Küche sowie Wildspezialitäten. Nachmittags werden hausgemachte Kuchen und Waffeln angeboten. Tgl. geöffnet.

HEILSTOLLEN NORDENAU

Weit über das Sauerland hinaus ist das kleine, etwa 12 km von Schmallenberg entfernte Dorf Nordenau bekannt. Gleich am Ortsausgang in Richtung Altastenberg liegt der Schieferstollen, dem heilsame Kräfte nachgesagt werden. Erdstrahlen und das frische Quellwasser wirken als sogenannte Fänger von freien Radikalen im Körper der Kranken und verschaffen Linderung.

Stollen Nordenau
Talweg 14, Nordenau
Tel.: 0 29 75 / 9 62 20
www.stollen-nordenau.de
Tgl. 8–19 Uhr geöffnet,
7 € pro Person.

Land- & Kurhotel Tommes
Talweg 14
Schmallenberg-Nordenau
Tel.: 0 29 75 / 9 62 20
www.landhotel-tommes.de
Frische, leichte Küche je nach Saison.
Tgl. geöffnet.

✕ *Süße Auswahl*
Café König
Weststraße 13, Schmallenberg
Tel.: 0 29 72 / 25 73
www.cafe-koenig.net
Frische Backwaren, süße Pralinen und eine große Auswahl an Kuchen und Torten hat das gemütliche Café zur Auswahl. Tgl. geöffnet.

↩✕ *Gehobene Küche*
Romantik & Wellnesshotel Deimann
Winkhausen 5
Schmallenberg-Winkhausen
Tel.: 0 29 75 / 8 10
www.deimann.de
Saisonale Themenbuffets, feine À-la-carte Küche und Sauerländer Spezialitäten auf hohem Niveau.
Tgl. geöffnet.

↩✕ *Seit 1460*
Gasthof Schütte
Eggeweg 2, 57392 Oberkirchen
Tel.: 0 29 75 / 8 20
www.gasthof-schuette.de
In 18. Generation bewirtet der Traditionsgasthof seine Gäste mit gehobener deutscher und westfälischer Küche. Tgl. geöffnet.

SPORT & FREIZEIT
Sauerlandbad Bad Fredeburg
Sportzentrum 1
57392 Schmallenberg
Tel.: 0 29 74 / 9 68 00
www.sauerlandbad.de
Mo 14–22 Uhr, Di bis Fr 10–22 Uhr, Sa + So 9–22 Uhr, Tageskarte Erw. 8,50 €, Kinder 5 €. Ein großes Wellenbecken, ein Kinderbereich, Sprungtürme, eine Liegewiese und ein Beachvolleyballfeld sorgen an heißen Sommertagen für Bade- und Freizeitspaß bei Groß und Klein.

MIT KINDERN UNTERWEGS
Thikos Kinderland
Auf dem Loh 12
57391 Schmallenberg
Tel.: 0 29 72 / 97 85 55
www.thikos-kinderland.de
Mo bis Fr 14–19 Uhr, Sa + So

10–19 Uhr, Erwachsene 3,50 €,
Kinder (ab 3 Jahren) 6,90 €.
Die weitläufige Freizeitanlage lädt
Kinder und Eltern zum Klettern,
Springen und Spielen ein. Trampolin, Wasserspielplatz, Hüpfburg,
Rutschen u. v. m.

ABENDGESTALTUNG
Lichtwerk
Bahnhofstraße 5a
57392 Schmallenberg
Tel.: 0 29 72 / 9 62 95 11
www.lichtwerk-kultur.de
Moderne und Tradition treffen in
dem Kultur- und Kunstzentrum aufeinander. Neben einem charmanten
Kino im Stil der 1950er Jahre stehen
verschiedenen Räumlichkeiten für
Konzerte, Kabaretts und Veranstaltungen zur Verfügung.

SERVICEINFO
Kur- & Freizeit GmbH
Schmallenberger Sauerland
Poststraße 7
57392 Schmallenberg
Tel.: 0 29 72 / 9 74 00
www.schmallenberger-sauerland.de

▶ **WINTERBERG**
13.900 Einwohner   (S. 187, D2)

Im Nordosten des Rothaargebirges,
unweit des Kahlen Asten, liegt der
bekannte Wintersportort. Beschaulich zeigen sich die pittoresken
Fachwerkhäuser im Stadtzentrum,
zwischen denen die Kirche St.
Jakobus aufragt. Doch gleichzeitig ist Winterberg die touristische
Hochburg des Hochsauerlands.
Wanderer, Mountainbiker und
Wintersportler kommen in der
landschaftlich reizvollen Umgebung
voll auf ihre Kosten. Insbesondere
die Niederländer haben die Region
für sich entdeckt. Jeder dritte Tourist
stammt aus dem Nachbarland.
An die Vergangenheit als Hansestadt erinnert nur wenig, da
zwei zerstörerische Stadtbrände
im 18. Jh. die meisten Gebäude
vernichteten. Dank der strategisch
günstigen Lage an der Kreuzung der
beiden Handelsstraßen Köln–Kassel
und Frankfurt–Soest galt die Bergstadt im Mittelalter als bedeutender
Handelsstützpunkt. Heute lebt
Winterberg vom Tourismus.

▶ *Wandern auf*
dem Kyrill-Pfad.

Altstadt

Beim Schlendern durch die historische Altstadt, die für Autos gesperrt ist, sind zahlreiche schmucke **Fachwerkhäuser** zu entdecken. Das älteste Haus der Stadt befindet sich in der Hellenstraße Nr. 24 und wurde im Jahr 1750 nach dem Stadtbrand wieder aufgebaut. Nicht weit davon entfernt steht die wuchtige **St. Jakobus-Kirche**, in deren Innerem der Stadtpatron mit Pilgerstab und einer Jakobsmuschel am Mantel zu erkennen ist. Bereits vor über 1.000 Jahren führte ein Jakobspilgerweg durch Winterberg nach Santiago de Compostela. In ihrer heutigen Form wurde die Hallenkirche 1796 errichtet, nachdem sie bei zwei verheerenden Stadtbränden nahezu vollständig zerstört wurde.

Rund um den **Marktplatz** geht es dagegen laut zu. Zahlreiche Restaurants, Hotels und Kneipen sorgen für ein abwechslungsreiches Ambiente, das jährlich Gäste aus ganz Europa anzieht.

Erlebnisberg Kappe

Eine bunte Mischung an Sport- und Freizeitmöglichkeiten erwartet Besucher am Erlebnisberg Kappe. Rasanten Fahrspaß bietet die 700 m lange **Sommerrodelbahn** über Brücken, Kurven und kleine Schanzen. Mit einem Lift geht es komfortabel wieder hinauf zum Startpunkt (Kappe 2b, Tel.: 0 29 81 / 90 80 60, www. sommerrodelbahn-winterberg.de, im Sommer tgl. 9:30–19 Uhr, Okt. 9:30–18 Uhr, im Winter je nach Witterung, Erwachsene 2,40 €, Kinder 1,70 €).

▶ *Stadtansicht von Winterberg.*

Hoch hinaus geht es im **Kletterwald Winterberg**, dessen fünf verschiedenen Parcours in unterschiedlichen Schwierigkeitsstufen Kletterspaß für Klein und Groß garantieren (Am Waltenberg 115, Tel.: 0 29 81 / 9 29 54 33, www.kletterwald-winterberg.de, April–Okt. je nach Witterung 10–20 Uhr, Erwachsene 19 €, Kinder 15 €).

Hoch hinauf führt auch die **Panorama-Erlebnisbrücke**, ein Naturerlebnispfad 20 m über dem Boden. 14 interaktive Stationen bieten Besuchern zwischen den Baumwipfeln viele spannende Informationen über die Flora und Fauna (Kappe 2c, Tel.: 0 29 81 / 92 98 77, im Sommer tgl. 9:30–19 Uhr, im Winter je nach Witterung ab 10 Uhr, Erwachsene 6 €, Kinder 6–17 Jahre 5 €).

Astenturm

Der wohl bekannteste – aber nicht höchste – Berg des Sauerlands ist der Kahle Asten. 841 m ü. NN ragt der imposante Berg auf, dessen Gipfelregion von einer faszinierenden Hochheide bedeckt ist. Angegliedert an ein Hotel befindet sich auch der Astenturm auf dem Gipfel. Von der Aussichtsplattform bietet sich ein grandioser Rundblick über die bewaldeten Berge des Sauerlands. Im Inneren des Turms informiert eine sehenswerte Ausstellung des Westfälischen Museums für Naturkunde über die Besonderheiten der Flora und Fauna des Kahlen Asten. Pflanzen- und Tierpräparate, aktuelle Wetterdaten, Kurzfilme

und interaktive Medien vermitteln eindrucksvoll, welche Bedeutung das Naturschutzgebiet einnimmt (Astenturm 1, Tel.: 02 51 / 5 91 05, tgl. 10–18 Uhr, Eintritt 1 €). Gleichzeitig ist der Kahle Asten auch Ausgangspunkt für die **Winterberger Hochtour**, die zu den vier höchsten Gipfeln des westfälischen Sauerlands führt. 82 km lang ist die anspruchsvolle Tour, die als Premiumwanderweg ausgezeichnet wurde.

ESSEN & TRINKEN

🍴✕ *Panoramablicke*
Bobhaus Winterberg
Kappe 1, Winterberg
Tel.: 0 29 81 / 5 09
www.bobhaus.de
Gutbürgerliche Küche und leckere Kuchenspezialitäten offeriert das gemütliche Bergrestaurant.
Tgl. geöffnet.

✕ *Unkonventionell*
Bistorant Uppu
Am Waltenberg 19, Winterberg
Tel.: 0 29 81 / 22 20
www.uppu.de
Leichte, mediterrane Küche und wechselnde Mittagsmenüs.
Tgl. geöffnet.

🍴✕ *Auf dem Gipfel*
Astenturm
Astenturm 1, Winterberg
Tel.: 0 29 81 / 9 28 74 80
www.kahlerasten.de
Im höchstgelegenen Hotel des Sauerlands laden gleich zwei

NATURPARK ROTHAARGEBIRGE

Hoch oben auf dem Dach des Sauerlands breitet sich der Naturpark Rothaargebirge über das Asten-Massiv, das Rothaargebirge, die Wittgensteiner Berge und das nördliche Siegerland aus. Weite Flächen des 1.355 km² großen Gebiets bedecken Fichten- und Buchenwälder. Aber auch die Quellen von Lenne, Ruhr und vielen anderen Flüssen sind hier zu finden. Neben den zahlreichen Naturschönheiten beeindruckt auch das reiche kulturelle Erbe der Region: Burgen, Schlösser, Klöster und Kirchen lohnen in den malerischen Ortschaften einen Besuch.

Restaurants zum Verweilen ein: das elegante Turmrestaurant und der gemütlich-rustikale Berggasthof, in dem auch Wanderer willkommen sind. Tgl. geöffnet.

⇔✕ *Gehoben*
AVITAL Resort Winterberg
Auf der Wallme 5, Winterberg
Tel.: 0 29 81 / 93 30
www.avital-resort.com
In schönem Ambiente kommt man in den Genuss einer regionalen, mediterran angehauchten Küche. Tgl. geöffnet.

⇔✕ *Am Rothaarsteig*
Restaurant Café Hotel AstenRose
Astenberg 3, Winterberg
Tel.: 0 29 81 / 18 78
www.astenrose.de
Regionale Spezialitäten auf hohem Niveau, feine Desserts und Kuchen. Tgl. geöffnet.

✕ *Urig*
Möppi's Hütte
In der Büre 32, Winterberg
Tel.: 0 29 81 / 10 73
www.moeppi.eu
Im Wald gelegene, gemütliche Hütte mit großer Terrasse. Gutbürgerliche Küche, im Sommer auch Grillfeste. Mai–Juli und Sept.–Okt. Fr bis So 11–18 Uhr.

⇔✕ *Gemütlich*
Hotel Forsthaus
Orkestraße 14, Winterberg
Tel.: 0 29 81 / 10 23
www.hotel-forsthaus-winterberg.de
In dem liebevoll renovierten Forsthaus werden rustikal-regionale Speisen serviert. Mit Gartenterrasse im Sommer. Tgl. geöffnet.

SPORT & FREIZEIT
Bikepark Winterberg
Kappe 2d, Winterberg
Tel.: 0 29 81 / 9 19 99 09
www.bikepark-winterberg.de
Mai–Okt. Mo bis Fr 10–18 Uhr, Sa bis So 9–18 Uhr, Tageskarte Liftpreis Erw. 26 €, Kinder 18 €. Der größte Bikepark Deutschlands offeriert Downhillstrecken, Schanzen und Übungsparcours in unterschiedlichen Schwierigkeitsstufen. Mit Sessellift, Bikeverleih und Kursangebot.

ABENDGESTALTUNG
Alpenrausch
Remmeswiese 34, Winterberg
Tel.: 0 29 81 / 80 27 25
www.alpenrausch-gaudi.de

Die Partylocation mit urigem Hüttencharakter, sechs Bars und verschiedenen Dancefloors lädt zum fröhlichen Feiern ein. Do bis Sa ab 21 Uhr.

Tenne

Marktstraße 13, Winterberg
Tel.: 0 29 81 / 65 84
www.tenne-winterberg.de
Mit sechs Theken und drei verschiedenen Musikbereichen, in denen wechselnde DJ's auflegen, gilt die Tenne als beliebtes Ziel für Nachtschwärmer. Fr + Sa ab 20 Uhr.

SERVICEINFO
Touristinformation Winterberg
Hauptstraße 10
59955 Winterberg
Tel.: 0 29 81 / 9 25 00
www.winterberg.de

▶ MEDEBACH

8.000 Einwohner   (S. 187, E2)

Am Fuß des Rothaargebirges liegt die alte Hansestadt Medebach, die von weitläufigen Tälern und malerischen Fachwerkhäusern geprägt wird. Die erste urkundliche Erwähnung des Ortes findet sich im Jahr 1133 – wenn auch frühere Siedlungsspuren nachweisbar sind. Im Mittelalter galt Medebach als bedeutender Handelsposten und trat deshalb dem Bündnis der Hanse bei. Heute ist besonders der Tourismus in dem malerischen Städtchen von Bedeutung.

Bei einem gemütlichen Spaziergang durch den historischen Stadtkern zieht die beeindruckende **Pfarrkirche St. Peter und Paul** die Blicke auf sich, die ursprünglich aus dem 12. Jh. stammt. Ihre heutige Form

▶ Eine herrliche Wald- und Wiesenlandschaft umgibt Medebach.

erhielt sie 1844, als sie nach einem verheerenden Stadtbrand als eine der größten Hallenkirchen des Erzbistums Paderborn neu aufgebaut wurde.

Ganz in der Nähe befindet sich das älteste noch erhaltene Gebäude in Medebach – die Andreaskapelle aus dem Jahr 1238. Neben den imposanten Sakralbauten prägen vor allem malerische Fachwerkhäuser das Stadtbild. In einem davon ist das **Städtische Museum Medebach** untergebracht, das archäologische Exponate, historische Gebrauchsgegenstände und Ausstellungen zur Geschichte des Ortes zeigt (Oberstraße 26, Tel.: 0 29 82 / 81 46, Mi 15–17 Uhr, Do + So 10–12 Uhr, Eintritt frei).

Sehenswert ist auch das **Schwerspatmuseum** im Ortsteil Dreislar, das über die Arbeits- und Lebensweise ehemaliger Bergleute informiert. Modern gestaltete Tafeln und Schaukästen vermitteln außerdem, wie Schwerspat überhaupt entsteht (Am Scheidt 2, Tel.: 0 29 82 / 92 98 59 24, www.schwerspatmuseum.de, Do, Sa, So 15–18 Uhr, Erw. 4 €, Kinder 2 €).

Wanderparadies

Rund um Medebach lädt die intakte Natur zu ausgedehnten Wanderungen ein. Spannende geologische Fundstellen verknüpft der **Geologische Rundweg** auf 6 km Länge. Der Themenweg beginnt im Ortsteil Düdinghausen und ist mit

▶ *Wandern auf dem Medebacher Bergweg.*

seinen Erlebnis-Stationen ein Teil des GeoParks GrenzWelten. Durch die sonnenverwöhnte Medebacher Bucht, die gerne auch als „Toskana des Sauerlands" bezeichnet wird, führt dagegen der 42 km lange **Medebacher Bergweg**, der im Jahr 2008 mit dem Prädikat „Qualitätsweg Wanderbares Deutschland" ausgezeichnet wurde.

Quer durch die Naturlandschaft mit ihren Wiesen und Weiden wandert man in dem 14 Hektar großen Vogelschutzgebiet, in dem seltene Tier- und Pflanzenarten zu entdecken sind. Mit etwas Glück lassen sich Neuntöter, Schwarzstörche und andere geschützte Arten beobachten (Biologische Station Hochsauerlandkreis, St. Vitus-Schützenstr. 1, 57392 Schmallenberg-Bödefeld, Tel.: 0 29 77 / 15 24, www.medebacher-bucht.de).

ESSEN & TRINKEN
X Ansprechendes Flair
Rotisserie Brombach
Oberstraße 6, Medebach
Tel.: 0 29 82 / 9 21 84 00
www.hotel-brombach.de
In gemütlichem Ambiente werden sowohl gehobene Speisen als auch bodenständige Gerichte offeriert. Mo Ruhetag.

X Süße Schlemmereien
Café Restaurant Pöllmann
Niederstraße 9, Medebach
Tel : 0 29 82 / 85 40
www.cafe-poellmann.de
Bekannt ist das nette Café-

Restaurant, das sich seit 1750 in Familienbesitz befindet, für sein vielseitiges Angebot hausgemachter Torten, Pralinen und Gebäck. Auch herzhafte Snacks werden serviert. Mo Ruhetag.

X Familiär
Landgasthof Müller
Orkestraße 26, Medebach-Medelon
Tel : 0 29 82 / 81 16
www.landgasthofmueller.de
Saisonale, westfälische Küche mit Zutaten aus der Region.
Tgl geöffnet.

SPORT & FREIZEIT
Aqua Mundo
Sonnenallee 1, Medebach
Tel.: 0 29 82 / 95 38 30
www.tagesausflugcenterparcs.de/SL
Tgl. 10–21 Uhr, Erw. ab 13,50 €, Kinder 4–12 Jahre ab 8,50 €. Tropisches Flair erwartet die Besucher des Erlebnisbads. Badegenuss vom Feinsten bieten ein Erlebnisbecken, ein beheizter Außenbereich, ein Strömungskanal, rasante Rutschen und ein großer Kinderbereich. Entspannung findet man dagegen in der großzügigen Saunalandschaft oder einer tropisch anmutenden, beheizten Sonnengrotte.

SERVICEINFO
Touristik Gesellschaft Medebach mbH
Marktplatz 1
59964 Medebach
Tel.: 0 29 82 / 9 21 86 10
www.medebach-touristik.de

Südlich der Lenne
Ferienparadies statt Bergbau

Bodenschätze, Holzvorkommen und die wasserreiche Lenne führten dazu, dass hier bereits im Mittelalter Eisenerz abgebaut wurde. Erst nachdem sich das benachbarte Ruhrgebiet als Industriestandort etablierte, entwickelte sich der Westen des Sauerlands mit dem Biggesee, dem Naturpark Ebbegebirge und zahlreichen Tropfsteinhöhlen zu einem beliebten Ferienziel.

► ALTENA

19.300 Einwohner   (S. 180, B5)

Etwa 15 km nördlich von Lüdenscheid liegt die Kleinstadt Altena, eingebettet in das Tal der Lenne. Weithin bekannt ist Altena für wohl eine der schönsten Höhenburgen Deutschlands, die **Burg Altena**. Schon von Weitem sichtbar thront die malerische Burg aus dem 12. Jh. hoch oben über der Stadt. Während die Anlage im Mittelalter als Wohnsitz der Grafen von Mark diente, verfiel sie im Lauf der folgenden Jahrhunderte zusehends. Erst ab dem 18. Jh. fand die imposante Wehrburg eine neue Nutzung: als Armen-

haus, Gefängnis und Krankenhaus. Berühmt gemacht hat die Burg schließlich eine weitere Umfunktionierung: 1912 wurde hier die erste dauerhafte Jugendherberge der Welt eröffnet. Bis heute kann in den imposanten Gemäuern übernachtet werden, wenn auch nicht mehr in den Sälen von einst – diese sind im Originalzustand nun im **Museum** zu besichtigen. Neben den historischen Schlafräumen stehen auch die Burgkapelle und der Kerker für Besucher offen (Fritz-Thomée-Str. 80, Tel.: 0 23 52 / 9 66 70 33, www.burg-altena.de, Di bis Fr 9:30–17 Uhr, Sa + So 11–18 Uhr, Erwachsene 5 €, ermäßigt 2,50 €).

Außer für die Burg Altena ist die Stadt als ehemaliges Zentrum der Drahtindustrie bekannt. Das **Deutsche Drahtmuseum** verdeutlicht, welche Bedeutung diesem eigentlich unscheinbaren Werkstoff zukommt. Besucher lernen nicht nur viel über die Geschichte und Produktion des Drahtgewerbes, sondern auch, welche Produkte aus Draht hergestellt werden und wie Künstler damit umgehen (Fritz-Thomée-Str. 12, Tel.: 0 23 52 / 9 66 70 33, www. deutsches-drahtmuseum.de, Di bis Fr 9:30–17 Uhr, Sa + So 11–18 Uhr, Erw. 5 €, ermäßigt 2,50 €). Eine Besichtigung lohnt außerdem die **Stadtgalerie** im Haus Köster-Emden, einem stattlichen Traufenhaus aus dem Jahr 1707, in dem regelmäßig wechselnde Ausstellungen zeitgenössischer Künstler stattfinden (Lennestraße 93, Tel.: 0 23 52 / 20 93 46, www.stadtgalerie-altena.

de, Do 10–12 Uhr und 15–17 Uhr, Fr 15–17 Uhr, Sa + So 11–13 Uhr, Eintritt frei). Sehenswert ist auch die **Burg Holtzbrinck**, die 1643 erstmals urkundlich erwähnt wurde und damit als ältestes Bürgerhaus der Stadt gilt. Seinen Beinamen „Burg" erhielt der Profanbau im Stadtzentrum aufgrund seiner festungsartigen Form. Heute dient die Anlage als Begegnungsstätte. Als Kulturdenkmal ausgewiesen ist die pittoreske **Steinerne Brücke**, die in drei Bögen über die Lenne führt. Wer gerne einen Einblick in die Geschichte von Altena bekommen möchte, sollte an einer **Stadtführung** teilnehmen – dabei stehen verschiedene Themen wie „Kurioses aus alter Zeit", „Branntwein, Bier & Kegelbahn" oder „Die starken Frauen von Altena" zur Auswahl (Anmeldung unter Tel.: 0 23 52 / 20 92 95, www.stadterlebnis-altena.de).

▶ *Imposant thront die Burg Altena über der Stadt.*

ESSEN & TRINKEN

✗ *Im Burghof*
Burgrestaurant Kastell
Fritz-Thomée-Straße 80, Altena
Tel.: 0 23 52 / 28 84
In historischer Atmosphäre werden
verschiedene regionale und interna-
tionale Köstlichkeiten serviert.
Mo Ruhetag.

⇆✗ *Stimmungsvolles Ambiente*
Restaurant Alte Linden
Hauptstraße 38, Altena
Tel.: 0 23 52 / 97 96 95
www.hotel-alte-linden.de
Das gemütliche Hotel-Restaurant
ist bekannt für seine regionale,
gute Küche. Besondere Angebote:
„Tafelfreuden" (Ritteressen) im
Gewölbekeller aus dem 14. Jh.,
saisonale Fisch- und Wildbuffets.
So Ruhetag.

✗ *Süß und lecker*
Café Merz
Bahnhofstraße 15–17, Altena
Tel.: 0 23 52 / 92 86 50
www.konditorei-merz.de
Köstlichkeiten aus der hauseige-
nen Konditorei machen die Wahl
schwer: Frischgebackene Kuchen,
Gebäck, Pralinen und leckere Eiskre-
ationen versüßen den Tag.
Mo Ruhetag.

SERVICEINFO
Altena Stadtmarketing e. V.
Lüdenscheider Straße 25–27
58762 Altena
Tel.: 0 23 52 / 20 92 95
www.altena.de

▶ HALVER

17.000 Einwohner   (S. 184, A2)

Malerisch eingebettet in die
Wald- und Hügellandschaft an
der Grenze zwischen Rheinland
und Westfalen liegt die malerische
Stadt. Sternförmig laufen mehrere
Straßen auf das Zentrum des Ortes
zu, wo die **Nicolai-Kirche** aus dem
Jahr 1783 aufragt. Im Inneren der
großen Saalkirche befindet sich eine
denkmalgeschützte Orgel aus dem
19. Jh.
Wer gerne einen Einblick in die Geschichte Halvers gewinnen möchte,
sollte das kleine **Heimatmuseum**
besuchen. Ausgestellte Exponate erinnern an das bäuerliche Leben, das
Handwerk und die Eisenindustrie
von einst. Besonders schön ist das
vollständig erhaltene Inventar einer
ehemaligen Schusterwerkstatt und
einer Schmiede (Von-Vincke-Str. 22,
Tel.: 0 23 53 / 7 31 40, Di bis Do
15–18 Uhr, So 10:30–12 Uhr,
Eintritt frei).
Einen Besuch lohnt auch die malerische **Löhrmühle** an der Ennepe.
Die pittoreske Wassermühle wurde
Mitte des 16. Jh. erstmals urkundlich erwähnt und ist nach einer
Restaurierung im 19. Jh. auch heute
noch in Betrieb. Eine Besichtigung
ist nach Absprache mit dem Besitzer
in den Sommermonaten möglich
(Lohrmühle 1, Tel.: 0 23 52 /
13 02 19).
Ebenfalls aus dem 19. Jh. stammt
der 23,5 m hohe **Aussichtsturm**
auf der Karlshöhe, der seit 1983
unter Denkmalschutz steht und als

eines der Wahrzeichen Halvers gilt. Wegen Baufälligkeit ist der Turm jedoch momentan gesperrt, sodass Besucher auf den herrlichen Ausblick über das Ebbegebirge und das Bergische Land verzichten müssen. Ein schönes Ausflugsziel ist die **Heesfelder Mühle**, die sich im Lauf der letzten Jahre als Natur- und Kulturzentrum der Stadt etabliert hat. Hier sind nicht nur die Stadtbücherei und ein Veranstaltungssaal untergebracht, sondern auch ein kleiner Bioladen, in dem man regionale Produkte erstehen kann (Heesfelder Mühle 3, Tel.: 0 23 53 / 1 21 06, www.heesfelder-muehle.de).

ESSEN & TRINKEN

✗ *Mit Terrasse*
Cattlemen's Country und Western Restaurant
Frankfurter Straße 95, Halver
Tel.: 0 23 53 / 66 99 60
www.cattlemens-restaurant.de
Amerikanisch-mexikanische Spezialitäten kommen in der gemütlichen Kneipe auf den Tisch. Dazu gibt es Cocktails, Wein oder Bier.
Tgl. geöffnet.

✗ *Gewölbekeller*
Tastevin
Bächterhof 5, Halver
Tel.: 0 23 53 / 66 13 57
www.tastevin-restaurant.de
Stimmungsvolles Ambiente, eine große Auswahl an Weinen und saisonale, gehobene Küche erwarten Besucher in der Weinbar.
Mo + Di Ruhetag.

SPORT & FREIZEIT
Waldfreibad Herpine
Herpiner Weg 19, Halver
Tel.: 0 23 52 / 1 27 66
www.herpine.de
Mo bis So 10–20 Uhr (Ferien), Mo bis Fr 11–20 Uhr, Sa + So 10–20 Uhr (außerhalb der Ferien), Erwachsene 3,50 €, Kinder 2,50 €. Mit einer über 6.000 m² großen Wasserfläche zählt das Freibad zu den größten Naturfreibädern Nordrhein-Westfalens. Waldlage, Rutsche, Beachvolleyballfeld, Kinderspielplatz und Wasserspielgarten.

SERVICEINFO
Stadt Halver
Thomasstraße 18, 58553 Halver
Tel.: 0 23 52 / 7 30
www.halver.de

► LÜDENSCHEID
78.000 Einwohner   (S. 184, B1/2)

Südwestlich der Lenne erstreckt sich die alte Hansestadt Lüdenscheid, die bereits im 9. Jh. nachweislich als kleines Bergdorf erwähnt wurde, das von der Lage an einer Heerstraße von Köln nach Soest profitierte. Als Mitglied der Hanse erlangte Lüdenscheid im Mittelalter dank der Eisenverarbeitung eine große Bedeutung – zusammen mit Iserlohn und Altena entwickelte sich die Stadt bis Ende des 18. Jh. zu einem der größten Industriegebiete weltweit. Als Kreisstadt bildet Lüdenscheid heute den gesellschaftlichen und kulturellen Mittelpunkt des Märkischen Kreises.

Pittoreske Altstadt

Schmale Gassen mit altem Kopf-steinpflaster führen durch die historische Altstadt, die durch ihre pittoresken Jugendstilfassaden und beschaulichen Winkel ein herrliches Flair erhält. Besonders im Sommer ziehen die kleinen, von zahlreichen Läden gesäumten Sträßchen Shopping-freudige aus der ganzen Region an. Als beliebter Treffpunkt gilt dann der Rathausplatz, an dem nette Cafés zu einer gemütlichen Pause im Freien einladen. Jeden Mittwoch und Samstag verwandeln zudem unzählige kleine Stände den Platz in einen großen Markt, auf dem frische Produkte aus der Region ge-kostet und gekauft werden können.

Hoch über der malerischen Altstadt-szenerie ragt der weiß getünchte Turm der **Erlöserkirche** auf. Die ba-rock anmutende Turmhaube erhielt der Sakralbau im 18. Jh., während das Kirchenschiff ursprünglich aus dem 11. Jh. stammt.

Museen

Das Highlight der vielfältigen Mu-seenlandschaft in Lüden-scheid ist die **Phänomenta**. Vielseitige Experimente zum Mitmachen aus Naturwissen-schaft und Technik bieten Besuchern einen interaktiven Einblick in die faszinierende Welt der Wissenschaft (Gustav-Adolf-Straße 9 – 11, Tel.: 0 23 51 / 2 15 32, www.phaeno-

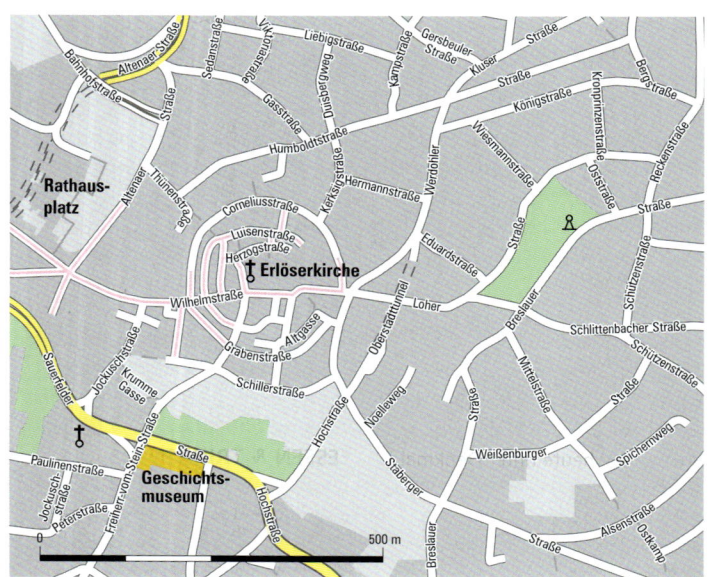

▶ Lüdenscheid.

menta.com, Mo bis Fr 10 – 17 Uhr,
Sa 14 – 17 Uhr, So 11 – 17 Uhr,
Erwachsene 8 €, ermäßigt 7 €).
Spannend ist auch ein Besuch im
Bremecker Hammer, eine ehema-
lige Schmiede aus dem 18. Jh., die
heute als technisches Denkmal für
Besucher offensteht. Ausgestellte
Exporate illustrieren die Geschich-
te der Industrialisierung von der
Handschmiede bis zum Fallhammer.
Ein besonderes Erlebnis sind die
Schmiedetage, an denen funken-
sprühende Vorführungen statt-
finden (Brüninghauser Straße 95,
Tel.: 0 23 51 / 4 24 00, www.
bremecker-hammer.de, Mai – Mitte
Okt. Fr 14 – 17:30 Uhr, Sa + So
10 – 17:30 Uhr, Eintritt frei).
Einen Einblick in das historische
Lüdenscheid bieten die wechselnden Ausstellungen im **Geschichts-
museum**. Verschiedene Spezial-
sammlungen von beispielsweise
Knöpfen, Lampen, alte Landkarten
etc. verdeutlichen auf vielfältige Art
und Weise, wie facettenreich die
Stadtgeschichte ist (Sauerfelder Str.
14 – 20, Tel.: 0 23 51 / 17 14 96,
Di bis So 11 – 18 Uhr, Eintritt frei).

Rund um die Stadt

In reizvoller Lage befindet sich
das **Wasserschloss Neuenhof**, ein
prächtiger Barockbau aus dem
14. Jh., der heute unter Denkmalschutz steht. Im neugotischen Stil
erscheint dagegen das **Schloss
Oedenthal** im Grebbecketal. Der
Herrensitz wurde bereits im 12. Jh.
auf einem Bergvorsprung hoch über

dem Zusammenfluss von Grebbecke
und Linnepe erbaut. Da sich beide
Schlösser in Privatbesitz befinden,
können sie jedoch nur von außen
besichtigt werden.
Im Süden der Stadt liegt die
Versetalsperre, die als beliebtes
Naherholungsgebiet zu langen Spa-
ziergängen, Radtouren oder einer
Erfrischung im kühlen Nass einlädt.
Hoch hinaus geht es dagegen am
Homertturm. An der höchsten Stelle
Lüdenscheids erhebt sich der 1894
errichtete Aussichtsturm, der einen
wunderschönen Blick über das
Sauerland bis hin zum Ruhrgebiet
ermöglicht.

ESSEN & TRINKEN

↩✗ *Urig*
Altes Gasthaus Pretz
Herzogstraße 15, Lüdenscheid
Tel.: 0 23 51 / 31 91
www.altesgasthauspretz.de

▶ *Die Erlöserkirche in Lüdenscheid.*

Der gemütliche Gasthof blickt auf eine lange Tradition zurück und serviert solide Hausmannskost im zugehörigen Restaurant. So + Mo Ruhetag.

✗ *In der Altstadt*
Café Kleiner Prinz
Luisenstraße 15, Lüdenscheid
Tel.: 0 23 51 / 2 74 95
www.cafe-kleiner-prinz.de
Das gemütliche Café setzt sich für die Integration von Menschen mit Handicap ein und offeriert besondere Angebote wie „Crime Dinner", Ausstellungen heimischer Künstler und Kreativworkshops. So Ruhetag.

✗ *Einstiges Schwimmbad*
Brauhaus Schillerbad
Jockuschstraße 3, Lüdenscheid
Tel.: 0 23 51 / 3 62 00
www.brauhaus-schillerbad.de

Im ehemaligen „Schillerbad" kommt heute deftige Hausmannskost und selbstgebrautes Bier auf den Tisch. Im Sommer sitzt man gemütlich im großen Biergarten. Tgl. geöffnet.

SPORT & FREIZEIT
Familienbad Nattenberg
Talstraße 59, Lüdenscheid
Tel.: 0 23 51 / 15 73 94
www.familienbad-nattenberg.de
Mo 10–21 Uhr, Di bis Fr 6:30–21 Uhr, Sa + So 8–20 Uhr, Erwachsene ab 3 €, Kinder ab 2 €. Ganzjährig geöffnetes Freizeitbad mit mehreren Innen- und Außenbecken, Kinderbereich, Rutschen, Sprungtürmen und großen Liegewiesen. Erholung findet man im Solebecken oder in der Saunalandschaft.

Saunadorf
Am Nattenberg 2, Lüdenscheid
Tel.: 0 23 51 / 15 74 99
www.saunadorf.de
Mo bis Do 14–23 Uhr, Fr + Sa 10–23 Uhr, So 10–20 Uhr, Erwachsene 19,50 €, Kinder 9,75 €. Die große Parkanlage wirkt wie eine Ruhe-Oase. In den urigen Holzhütten gibt es klassische Saunen, Dampfbäder, Kaminzimmer oder Massageangebote.

GC Gelstern
Gelstern 2
58579 Lüdenscheid-Schalksmühle
Tel.: 0 23 51 / 5 18 19
www.gc-gelstern.de

Greenfee 18-Loch-Runde Erwachsene Mo bis Fr 45 €, Sa + So 55 €,
Schüler und Studenten die Hälfte.
18-Loch-Golfplatz mit vier Kurz-
bahnen in herrlicher Lage und mit
netter Einkehrmöglichkeit.

MIT KINDERN UNTERWEGS
Tommywood
Sternplatz 2, Lüdenscheid
Tel.: 0 23 51 / 9 31 30 40
www.tommywood.de
Di bis Fr 15–19 Uhr, Sa + So
11–19 Uhr, Kinder 3–12 Jahre
4,90 € (Di bis Fr) bzw. 8 € (Sa + So),
Erwachsene + Kinder 1–3 Jahre
2,90 € (Di bis Fr) bzw. 3,90 €
(Sa + So).
Abwechslungsreiche Freizeit- und
Erlebnishalle für Kinder auf über
3.500 km² mit Karbahn, Karussell,

Trampolin, Rutschen, Kleinkinderbe-
reich und vielen weiteren Attraktionen.

KNAX-Naturerlebnispfad
Alte Rathausstraße 3, Lüdenscheid
Tel.: 0 23 51 / 17 16 45
Spannende Erlebnisse bietet der
knapp 2 km lange Abenteuer-
Naturpfad an der Versetalsperre. Zu
insgesamt neun Stationen führen
die beiden KNAX-Helden Didi und
Dodo, an denen es viel Wissenswertes rund um die Natur zu entdecken
gibt.

ABENDGESTALTUNG
Altstadtbühne
Luisenstraße 21, Lüdenscheid
Tel.: 0 23 51 / 2 44 30
www.lued-altstadtbuehne.de

▶ *Lüdenscheid – die Stadt des Lichts.*

Hauptsächlich Komödien und Krimis werden in dem gemütlichen, kleinen Theater gezeigt. In der Vorweihnachtszeit gibt es auch Kinderstücke. Aufführungen nur am Wochenende.

Kulturhaus

Freiherr-vom-Stein-Straße 9
Lüdenscheid
Tel.: 0 23 51 / 17 12 99
www.kulturhaus-luedenscheid.de
Kabarett, Konzerte, Theater und Kinderstücke stehen auf dem Programm.

Park-Theater

Parkstraße 19, Lüdenscheid
Tel.: 0 23 51 / 91 97 77
www.park-theater.de
Modernes Kinocenter mit sieben Sälen, 3D-Filmen und extra Kindervorstellungen.

SERVICEINFO

Tourist Information Lüdenscheid
Rathausplatz 2, 58505 Lüdenscheid
Tel.: 0 23 51 / 17 16 42
www.luedenscheid.de

▶ HERSCHEID

7.400 Einwohner   (S. 184, C2)

Im Herzen des Naturparks Ebbegebirge liegt das Dorf, dessen Wahrzeichen der 300 Jahre alte **Spieker** ist. Das pittoreske Fachwerkgebäude entstand im 17. Jh. und diente damals als Speicher der Naturalien, die Bewohner der Gemeinde an die Kirche abgeben mussten.
Nur wenige Meter entfernt ragt die **Apostelkirche** auf, die ursprünglich aus dem 11. Jh. stammt. Der romanische Sakralbau beeindruckt im Inneren mit einer kunstvoll verzierten Barockkanzel und einem Chorgestühl aus dem Jahr 1548.

▶ *Der Spieker in Herscheid.*

An die vergangenen Industriezeiten der Bergbauregion erinnert das technische Kulturdenkmal **Ahe-Hammer** im Tal der Schwarzen Ahe, in dem seit 1562 Eisen zu Draht verarbeitet wurde. Heute steht die Anlage, die über zwei Wasserräder betrieben wurde, als Museum für Besucher offen (Informationen unter Tel.: 0 23 33 / 7 91 41 66). Außerhalb des Dorfes gibt es eine weitere Attraktion zu entdecken. Zwischen den be den Herscheider Ortsteilen Hüinghausen und Plettenberg-Könringhausen verkehrt die **Sauer änder Kleinbahn**, eine Schmalspurbahn der Märkischen-Museums-Esenbahn. Von April bis Okt. dampft die historische Kleinbahn gemütlich durch die malerische Landschaft des Elsetals und versetzt Fahrgäste auf ihrer nostalgischen Tour n vergangene Zeiten (Tel.: 07 00 / 5 53 46 22 46, www.sauerlaender-kleinbahn.de, Fahrten finden ein- bis zweimal pro Monat statt, einfache Fahrt Erwachsene 2 €, Kinder 1 € Tageskarte Erwachsene 6 €, Kinder 3,50 €).

ESSEN & TRINKEN

⇦✕ im Dorfkern

Hubertushof
Oberdorfstraße 2, Herscheid
Tel.: 0 23 57 / 23 45
www.hubertushof-herscheid.de
Typische Sauerländer Spezialitäten und regionale Speisen werden in der gemütlichen Traditionsgaststätte serviert. Im Sommer lockt der Biergarten nach draußen. Mo Ruhetag.

Abwechslungsreich zeigt sich die idyllische Mittelgebirgslandschaft des 780 km² großen Naturparks Ebbegebirge. Zwischen den bewaldeten Hügeln finden sich zahlreiche touristische Highlights: Talsperren, Aussichtstürme, imposante Burgen, pittoreske Kirchen und die weit bekannte Tropfsteinhöhle Attahöhle (siehe auch S.101) sind gern besuchte Ausflugsziele – ein schönes Zusammenspiel von Natur- und Kulturlandschaft.

Zahlreiche Wander- und Radwege sowie barrierefreie Naturerlebnispfade laden zum Erkunden des facettenreichen Naturparks ein. Einen besonders schönen Ausblick bietet der Robert-Kolb-Turm auf der Nordhelle, der auf 663 m ü. NN auf dem Kamm des Ebbegebirges aufragt. Vor fast 200 Jahren ließ Napoleon hier bereits einen Turm errichten, um mit einem Spiegeltelegraph möglichst schnell Nachrichten verbreiten zu können. Der heutige Nachfolger dient dagegen als Aussichtsturm.

Zweckverband Naturpark Ebbegebirge
Westfälische Straße 75, 57462 Olpe
Tel.: 0 27 61 / 8 12 80
www.naturpark-ebbegebirge.de

✕ *Pizza & Pasta*
Damianos
Neuer Weg 4, Herscheid
Tel.: 0 23 57 / 17 07 87
www.damianos.de
Nette Atmosphäre, italienische Spezialitäten, Biergarten und Lieferservice. Di Ruhetag.

SPORT & FREIZEIT
Minigolfanlage „Zum As"
Gartenstraße 19, Herscheid
Tel.: 0 23 57 / 25 87
Ganzjährig 10–22 Uhr, in den Ferien 9–22 Uhr, Erwachsene ab 4 €, Kinder bis 14 Jahre ab 2,50 €. Zentral gelegener Minigolfplatz mit 18 abwechslungsreich gestalteten Bahnen und Flutlicht.

SERVICEINFO
Gemeinde Herscheid
Plettenberger Straße 27
58849 Herscheid
Tel.: 0 23 57 / 9 09 30
www.herscheid.de

▶ PLETTENBERG
27.000 Einwohner   (S. 185, D1/2)

In herrlicher Lage zwischen bewaldeten Höhenzügen befindet sich die sogenannte „Vier-Täler-Stadt", die dank der Flüsse Lenne, Else, Oester und Grüne ihren Beinamen erhielt. Viele Plätze der waldreichsten Stadt im Märkischen Kreis erinnern an die lange Tradition als Industriestandort. Reiche Erzfunde in der Region führten zu einer florierenden Entwicklung des Bergbaus – dank der Wasserkraft in den Flusstälern

fand auch die Weiterverarbeitung direkt vor Ort statt. Bis heute gilt Plettenberg als wichtiger Standort des metallverarbeitenden Gewerbes. Einen Einblick in die Geschichte der Industrialisierung des Ortes gibt das **Heimathaus** im historischen Stadtzentrum, das auch wechselnde Kunstausstellungen zeigt (Kirchplatz 8, Tel.: 0 23 91 / 23 42, www.heimatkreis-plettenberg.de, Mi 15–17 Uhr, jeden ersten So im Monat 11:30–13 Uhr, Eintritt frei). Geprägt wird der Ortskern von Plettenberg durch die romanische **Christuskirche** aus dem Jahr 1230, um die sich einige hübsche Fachwerkhäuser gruppieren. Die Kirche selbst gilt als eine der schönsten Hallenkirchen im gesamten Sauerland.

Sehenswert ist auch die idyllisch im Wald nordöstlich von Plettenberg gelegene **Burgruine Schwarzenberg**, die einst von den Kölner Erzbischöfen und den Grafen von Mark stark umkämpft war. Von der romantischen Befestigungsanlage über der Lenne, die 1301 errichtet wurde, sind heute nur noch Mauerreste zu sehen.

Ebenfalls aus dem 14. Jh. stammen die **Bärenberger Stollen** östlich der Stadt, eine weitläufige Bergbauanlage mit Schacht, Stollen und Haldenplätzen, in der bis zum Jahr 1727 Kupfer abgebaut wurde und die heute von außen besichtigt werden kann.

Als beliebtes Freizeitziel gilt die nahe gelegene **Oestertalsperre** südlich

► *Zwischen bewaldeten Höhenzügen breitet sich die „Vier-Täler-Stadt"*
Plettenberg aus.

von Plettenberg, an der Baden und Wassersport erlaubt ist. Am Waldrand führt außerdem ein schöner Wanderweg entlang, den man über die Staumauer gut erreichen kann.

ESSEN & TRINKEN

✗ *Mit Biergarten*

Akropolis

Grünestraße 52, Plettenberg
Tel.: 0 23 92 / 45 67 63
www.akropolis-plettenberg.de
In familiärer Atmosphäre gibt es
eine große Auswahl an griechischen
Spezialitäten. Mo Ruhetag.

✗ *Kreativ*

Central-Café Ochtendung

Grünestraße 3, Plettenberg
Tel.: 0 23 91 / 25 79
www.central-cafe.de

Das nette Café offeriert vielfältige Kaffee- und Kuchenkreationen. Außerdem: wechselnder Mittagstisch und Biergarten im Sommer. Tgl. geöffnet.

SPORT & FREIZEIT

AquaMagis

Böddinghauser Feld 1, Plettenberg
Tel.: 0 23 91 / 6 05 50
www.aquamagis.de
Mo bis Fr 10–22 Uhr, Sa + So
9–21 Uhr, Sauna Sa bis 22 Uhr,
Tageskarte (Sauna und Erlebnisbad)
Erwachsene 16 €, Kinder 11,50 €.
Tropisches Flair erwartet Besucher in der Sauna- und Erlebniswelt AquaMagis. Wellenbecken, Strömungskanal und die spektakuläre Loopingrutsche (Achtung: Achterbahnfeeling!) garantieren

Wasserspaß vom Feinsten. Erholung und Wellness bietet dagegen die weitläufige, moderne Saunawelt.

ABENDGESTALTUNG
KinoWeidenhof
Auf der Weide 31, Plettenberg
Tel.: 0 23 91 / 60 66 60
www.weidenhofplettenberg.de
Nettes Kino mit einer großen Auswahl aktueller Filme, 3D-Vorführungen und gemütlichem Bistro.

SERVICEINFO
Stadt Plettenberg
Grünestraße 12
58840 Plettenberg
Tel.: 0 23 91 / 92 30
www.plettenberg.de

▶ MEINERZHAGEN
21.300 Einwohner   (S. 184, B3)

Am Fuß des Ebbegebirges, idyllisch von den Bergen und Wäldern des Märkischen Sauerlands umgeben, befindet sich Meinerzhagen. Dank der reizvollen Lage in der Nähe der Talsperren Genkel, Fürwigge, Brucher und Agger gilt die Stadt als Anziehungsmagnet für Sportler und Aktivurlauber zu jeder Jahreszeit. Doch auch die Stadt selbst lohnt eine Besichtigung. Im Zentrum beeindruckt ein Häuserensemble aus dem 17. Jh., in dessen Mitte die **Jesus-Christus-Kirche** aufragt. Aus dem 13. Jh. stammt die romanische Emporenbasilika, deren Bauweise rheinische Einflüsse aufweist. Bis

▶ *Schöne, historische Gebäude in Meinerzhagen.*

heute ist ein steinernes Taufbecken erhalten geblieben (Kirchstraße 14, Tel.: 0 23 54 / 69 31, www.stiftung-jesuschristus-kirche.de).
Zu den historischen Gebäuden zählen auch das **Wasserschloss Badinghagen** sowie das **Gut Listringhausen**, zwei ehemalige Rittersitze, die jedoch als Privateigentum nicht öffentlich zugänglich sind. Nach Absprache mit dem Heimatverein kann die alte **Knochenmühle** aus dem 19. Jh besichtigt werden. Das durch Wasserkraft angetriebene Mahlwerk diente einst zur Herstellung von tierischem Knochenmehl, das als Dünger für die Felder verwendet wurde (Altes Rathaus, Tel.: 0 23 54 / 90 43 47 www.heimatverein-meinerzhagen.de, Führungen und Preise nach Absprache).
Sehenswert ist außerdem die **Volmequelle** auf 445 m ü. NN. Geschnitzte Hinweisschilder am Fritz-Paulmann-Weg weisen den Weg zu der in Stein eingefassten Quelle, von wo aus die Volme 48 km lang bis zu ihrer Mündung in die Ruhr fließt. In Meinerzhagen beginnt auch der **Sauerland Höhenflug**, der auf einer Länge von 251 km kulturelle Sehenswürdigkeiten und grandiose Ausblicke miteinander verbindet.

ESSEN & TRINKEN

✕ *Französische Spezialitäten*
La Provence
Kirchstraße 11, Meinerzhagen
Tel.: 0 23 54 / 1 21 06
www.la-provence-meinerzhagen.de

Rustikales Ambiente, frische, französische Küche und exklusive Weine machen den Besuch des Restaurants zu einem echten Genuss.
Mo Ruhetag.

✕ *Traditionsreich*
Zum Winzenberg
Genkeler Straße 38, Meinerzhagen
Tel.: 0 23 54 / 26 05
www.winzenberg.de
In der gemütlichen Gaststätte wird eine gutbürgerliche, schmackhafte Hausmannskost serviert.
Do Ruhetag.

SERVICEINFO

Touristinformation Meinerzhagen
Bahnhofstraße 13
58540 Meinerzhagen
Tel.: 0 23 54 / 7 71 32
www.meinerzhagen.de

▶ ATTENDORN

24.800 Einwohner   (S. 185, D2/3)
Im Norden des Biggesees schmiegt sich die malerische Stadt in einen großen Talkessel. Rund 1.000 Jahre alt ist die Hansestadt, deren Ausläufer sich weit die Hänge des Ebbegebirges hinaufziehen. Beliebtes Naherholungsziel ist neben dem Biggesee auch deren Seitenarm, die **Listertalsperre**. Schwimmer, Segler, Ruderer und auch Taucher kommen in dem erfrischenden Wasser auf ihre Kosten, während am Ufer häufig Spaziergänger, Jogger und Radfahrer anzutreffen sind. Auch Inlineskater drehen hier gerne ihre Runden.

▶ *Der festlich geschmückte Alte Markt in Attendorn.*

Geschichte

Die prädestinierte Lage an zwei wichtigen Handelsstraßen und ihre Bedeutung als Grenzfeste des Erzbistums Köln gegen die Grafschaft Mark verhalfen Attendorn schon im Mittelalter zu großem Wohlstand. Zur Sicherung der Vormachtstellung erbaute der Kölner Erzbischof Engelbert von Berg im Jahr 1222 die trutzige **Burg Schnellenberg**, die heute ein Hotel und Restaurant beherbergt (siehe unter Essen & Trinken). Während der Hochphase im 13. und 14. Jh. florierte in der Stadt vor allem der Tuchhandel, den insgesamt neun Zünfte förderten. Nach Rückschlägen durch die Pest, Kriege und Stadtbrände sorgte der Bau der Biggetalbahn für einen neuen wirtschaftlichen Aufschwung, der heute vor allem durch den Tourismus verstärkt wird.

Historischer Stadtkern

An die vergangenen Zeiten erinnert der mittelalterliche Grundriss der

Altstadt, die auch heute noch von den Resten der alten Stadtmauer umgeben ist. Gut erhalten blieben der Pulver- und der Bieketurm – zwei mächtige Rundtürme der einstigen Stadtbefestigung. Der **Bieketurm** wird nun als Zeughaus des Schützenvereins genutzt. Zwischen schmucken Häusern mit aufwendig gestalteten Fassaden mitten im Zentrum ragt das Wahrzeichen der Stadt auf, die **Pfarrkirche St. Johannes Baptist**.

▶ *Im Zentrum von Attendorn.*

Im Volksmund wird der imposante Sakralbau wegen seiner Größe und seiner Erbauung im 9. Jh. auch „Sauerländer Dom" genannt. Anfang des 13. Jh. kam der romanische Turm dazu, im 14. Jh. schließlich das gotische Hallenschiff. Seit dem Jahr 1634 ziert zudem noch eine barocke Haube die Turmspitze. Ebenfalls mitten im Stadtzentrum, direkt am Marktplatz, befindet sich im ehemaligen Rathaus aus dem 14. Jh. das **Südsauerlandmuseum**. Im Inneren laden elf Themeninseln zu einer Zeitreise in die Geschichte ein. Besonders schön ist beispielsweise das Westfälische Zinnfigurenkabinett, das Raubritter oder auch griechische Helden wieder lebendig werden lässt. Zusätzlich werden auch wechselnde Ausstellungen gezeigt (Alter Markt 1, Tel.: 0 27 22 / 37 11, www.suedsauerlandmuseum.de. Di bis Fr 10–18 Uhr, Sa + So 11–16 Uhr, Erwachsene 3 €, Kinder 1 €, Führungen nach Vereinbarung 25 €).

Attahöhle

Weit über die Stadtgrenzen hinaus ist die Attahöhle bekannt – eine unterirdische Wunderwelt mit funkelnden Stalagmiten und Stalaktiten, imposanten Sinterfahnen und faszinierenden Tropfsteingebilden. Rund 1.800 m des Höhlenlabyrinths, das im Jahr 1907 entdeckt wurde, sind für Besucher zugänglich. Neben den bizarren Felsformen gibt es noch eine weitere Besonderheit zu entdecken: Der würzige Attakäse, der drei Monate lang in den Gängen der Höhle reift und im Museumsshop gekauft werden kann (Finnentroper Straße 39, Tel.: 0 27 22 / 9 37 50, www.atta-hoehle.de, Mai bis Aug. 10–16:30 Uhr, April + Sept. 10–16 Uhr, Okt. 10:30–16 Uhr,

BIGGOLINO

Gemütlich bummelt der gelb-grüne Straßenzug von der Attahöhle durch die Innenstadt Attendorns und das malerische Repetal bis zum Biggesee. Ein Zwischenhalt liegt bei der im Wald versteckten **Burgruine Waldenburg**, einem über 1.000 Jahre alten Gemäuer. Als Endstation wartet schließlich der imposante Biggedamm, ein 640 m langes Zeugnis der Ingenieursbaukunst. Mit einem Fahrgastschiff kann man zu einer gemütlichen Rundfahrt über den See aufbrechen, bevor der Biggolino wieder zurück zur Attahöhle fährt (Tel.: 0 27 22 / 9 37 50, www.biggolino.de, Frühjahr und Sommer tgl. acht Fahrten, einfache Fahrt Erwachsene 3 €, Kinder 2,50 €, Hin- und Rückfahrt Erw. 5 €, Kinder 4 €).

Nov. bis April 11–15:30 Uhr, im Winter Mo Ruhetag, Erwachsene 7,50 € Kinder 5–14 Jahre 4,50 €).

ESSEN & TRINKEN

✗ *Maritimes Flair*

Hanse Kogge
Am Kirchplatz 2, Attendorn
Tel.: 0 27 22 / 23 96
www.jakob-feinkost.de
Echte Seefahrergemütlichkeit strahlt das Fischrestaurant in der Fußgängerzone aus. Besonderheiten: offene Schauküche und Fischfachgeschäft. So + Mo Ruhetag.

⇦✗ *Burgrestaurant*

Burg Schnellenberg
Schnellenberg 1, Attendorn
Tel.: 0 27 22 / 69 40

www.burg-schnellenberg.de
Vielseitige Tafelrunden in histori-
schem Ambiente: Von rustikalen
Ritteressen reicht das Angebot
bis hin zu stilvollen Festmenüs bei
Kerzenschein. Tgl. geöffnet.

✗ *An der Attahöhle*

Höhlenrestaurant Himmelreich
Finnentroper Straße 39, Attendorn
Tel.: 0 27 22 / 0 37 50
www.atta-hoehle.de
Die gemütlich gestalteten Räumlichkeiten und die große Terrasse laden
nach einem Besuch der Attahöhle
zum Verweilen ein. Kaffee, Kuchen
und deftige, gutbürgerliche Küche.
Nov.–Feb. Mo Ruhetag.

SERVICEINFO

Attendorner Hanse GmbH
Rathauspassage/Kölner Straße 12a
57439 Attendorn
Tel.: 0 27 22 / 48 97
www.attendorn.de

▶ **OLPE**

25.500 Einwohner   (S. 185, D4)

Inmitten der ausgedehnten Hügellandschaft am Südwestzipfel
des Biggesees liegt die 700 Jahre
alte Stadt, der im Jahr 1311 das
Stadtrecht verliehen wurde. Erste
Funde belegen eine Besiedlung
um 800 n. Chr. Begünstigt durch
Wald-, Erz- und Wasserreichtum
entwickelte sich Olpe mit zahlreichen Eisenhütten, Hammerwerken,
Pfannenschmieden und Gerbereien
zu einem wirtschaftlichen Zentrum
im Herzogtum Westfalen. Heute gilt

auch der Tourismus als wichtiges
Standbein – vor allem der aufgestaute Biggesee lockt Natur- und
Sportbegeisterte aus nah und fern
in die Region.

Lebendiges Zentrum

Lebendig geht es in der schönen
Altstadt rund um den Marktplatz
zu: Im Sommer laden nette Cafés
und Restaurants dazu ein, von
einem der aufgestellten Tische das
geschäftige Treiben zu beobachten. Im Mittelpunkt steht dabei
das **Pannenklöpper-Denkmal**, das
einen Pfannenschmied bei seiner
Arbeit zeigt und an die ehemalige
Bedeutung des Schmiedehandwerks
erinnert. Jeden Mittwoch gesel-
len sich übrigens auch zahlreiche
Marktstände dazu, in denen man
frisches Obst, Gemüse und viele
weitere Produkte aus der Region
erwerben kann.

Historische Bauwerke

An die Stadtgründung im 14. Jh. erinnern auch heute noch imposante
Reste der ehemaligen Stadtmauer.
Als ältestes profanes Gebäude in
Olpe gilt der **Hexenturm**, der neben
dem **Engelturm** als einziger Wehrturm der Stadtbefestigung erhalten
blieb. Direkt unterhalb der kräftigen
Mauer bietet der **Geschichtsbrun-
nen** auf dem Kurkölner Platz einen
Einblick in die Stadtgeschichte und
zeigt die sechs wichtigsten Ereignis-
se der letzten Jahrhunderte sowie
Porträts bedeutender Persönlich-
keiten.

▶ *Beliebtes Naherholungsgebiet: der Biggesee.*

Von einer langen Geschichte zeugen auch die verschiedenen Kirchen des Ortes. Markant zeigt sich die **St. Martinus-Kirche**, deren Südwestturm bei einem Luftangriff im März 1945 zerstört und seitdem nicht wieder errichtet wurde. Der ungewöhnliche Anblick gilt heute als Besonderheit und dient als ein Denkmal des Friedens. Im Inneren der Hallenkirche beeindruckt das neugotische Hauptportal mit seinen kunstvollen Verzierungen – besonders schön ist die Atmosphäre bei einem Orgelkonzert. Sehr imposant wirkt die **evangelische Kirche**, die Ende des 19. Jh. aus rotem Backstein erbaut wurde. Deutlich älter ist die kleine Kreuzkapelle, die jedoch nur selten geöffnet ist. Im Inneren verbergen sich prächtige, barocke Schnitzaltäre, die – wie die Kapelle auch – aus dem Jahr 1753 stammen.

Biggesee

Zwischen Attendorn und Olpe erstreckt sich der 1965 aufgestaute Biggesee. Am Grund des Sees liegen die alten Straßen und Dörfer des einstigen Tals, das durch die Wasserstauung überflutet wurde. Ursprünglich zur Sicherung der Wasserversorgung des Ruhrgebiets erbaut, gilt er heute als eines der beliebtesten Touristenziele im gesamten Sauerland. Durch den Staudamm werden außerdem die Zuflüsse von Bigge, Lenne und Ruhr reguliert, sodass Hoch- oder Niedrigwasser vermieden werden können. Heute dient die riesige Talsperre als gern besuchtes Naherholungsgebiet. Vielfältige Wassersportmöglichkeiten, Rundwanderwege, Strände, eine Tauchschule und Fahrgastschiffe laden zum Verweilen am erfrischenden Nass ein.

WENDENER HÜTTE

Eingebettet in idyllische Wiesentäler und umgeben von bewaldeten Bergen liegt Wenden, die südlichste Gemeinde des Sauerlands. Pittoreske Kirchen und schmucke Häuser prägen das Bild des beschaulichen Ortes, der für die Wendener Hütte, eine von Deutschlands ältesten Holzkohlehochofenanlagen, bekannt ist. 1728 wurde die Hütte gegründet, bis 1866 war sie in Betrieb. Das ehemalige Eisen- und Hammerwerk ist heute als technisches Kulturdenkmal für Besucher zugänglich. Besichtigt werden können u. a. die Gießhalle, der Hochofen und das Hammerwerk.

Ein kleines Museum bietet zusätzlich einen Einblick in die Geschichte der Eisenverarbeitung (Hochofenstraße 6, Tel.: 0 27 61 / 8 14 01, www.wendener-huette.de, April–Okt. Di bis So 15–18 Uhr, Nov.–März Di bis So 14–17 Uhr (nur Museum), Eintritt Museum 2 €).

Ausflugsziel Repetal

Malerisch schlängelt sich die Repe durch die Landschaft nordöstlich von Olpe und bildet eine perfekte Kulisse für Sportarten aller Art. Neben Wander- und Radwegen findet sich auch der große **Outdoor- und Adventurepark Repetal** in dem idyllischen Tal. Hier kann man aus einem breiten Angebot wählen: Waldseilgarten, Kinderkletterwände, Mountainbikeparcours, Floßfahrten und vieles mehr garantieren einen actionreichen Nachmittag (Repetalstraße 437, Tel.: 0 27 21 / 1 01 14, www.kletterpark-repetal.de, April bis Nov. Sa + So, für Gruppen auch werktags geöffnet, Erwachsene ab 25 €, Kinder ab 15 €).

ESSEN & TRINKEN

🖙✕ *Kreativ*

Altes Olpe
Bruchstraße 16, Olpe
Tel.: 0 27 61 / 8 25 20
www.kochs-hotel.de
Warme Rottöne und künstlerisch gestaltete Wände verleihen dem Restaurant in „Kochs Hotel" ein behagliches Flair. Serviert werden internationale Speisen mit Produkten aus der Region. Tgl. geöffnet.

✕ *Am Marktplatz*

Gewölbekeller im Goldenen Löwen
Am Markt 6, Olpe
Tel.: 0 27 61 / 25 90
www.goldener-loewe-olpe.de
Mittelalterliches Ambiente im historischen Gewölbekeller aus dem 16. Jh. Gutbürgerliche und italienische Küche. Mo + Di Ruhetag.

🖙✕ *Landhausstil*

Hotel Albus
Auf der Griesemert 17
Olpe-Griesemert
Tel.: 0 26 71 / 68 85
www.hotel-albus.de
Schönes Fachwerkhaus in ländlicher Gegend, im Sommer bietet sich von der Sonnenterrasse ein herrlicher Blick auf die umliegenden Berge. Große Speisekarte mit Sauerländer Gerichten, Wildspezialitäten und mediterran inspirierter Küche. Tgl. geöffnet.

SPORT & FREIZEIT
Freizeitbad Olpe
Seeweg 5, Olpe
Tel.: 0 27 61 / 9 38 50
www.freizeitbad-olpe.de
Mo 7–16 Uhr, Di + Do 11–21 Uhr,
Mi 7–21 Uhr, Fr 7–22 Uhr, Sa + So
8–20 Uhr, Tageskarte Sauna- und
Freizeitbad Erwachsene 15 €, Kinder
bis 15 Jahre 11 €.
Das moderne Freizeitbad verspricht
mit verschiedenen Schwimmbe-
cken, einer großen Röhrenrutsche,
Sprungtürmen und einem geson-
derten Eltern-Kind-Bereich mit
Matschplatz Badespaß für Groß
und Klein. Für Erholung sorgen
Nackenduschen, ein Kneippbecken,
ein Dampfbad und das 34°C warme
Solebecken.

MIT KINDERN UNTERWEGS
MBK Modellbahnen Kieserling
Virchowstraße 10, Olpe
Tel.: 0 27 61 / 56 45
www.modellbahnen-kieserling.de
Mi 15–19 Uhr, Sa 11–17 Uhr.
Rund um Modelleisenbahnen dreht
sich alles im Miniaturland Olpe,
eine liebevoll inszenierte, private
Schauanlage, in der Inhaber Otmar
Kieserling gerne beim Kauf von
Zügen, Häusern und weiterem Zu-
behör beratend zur Seite steht.

SERVICEINFO
Olpe Aktiv e. V.
Westfälische Straße 11
57462 Olpe
Tel.: 0 27 61 / 9 42 90
www.olpe-aktiv.de

▶ *Die St. Martinus-Kirche.*

▶ LENNESTADT

27.200 Einwohner (S. 185, E3)

Weit verzweigt erstreckt sich Lennestadt mit seinen insgesamt 43 Ortsteilen zwischen den Naturparks Ebbegebirge, Homert und Rothaargebirge. Im Rahmen einer kommunalen Neugliederung wurde die Stadt 1969 zur bevölkerungsreichsten Gemeinde des Kreises Olpe zusammengeschlossen.

Geschichte

Erste Besiedlungsspuren der Region lassen sich bis zur letzten Eiszeit zurückverfolgen. Bereits damals dienten die Höhlen im Gemeindegebiet Jägern und Sammlern als Unterschlupf, wie archäologische Funde bei Lennestadt-Grevenbrück beweisen.

Eine städtische Besiedlung erfolgte jedoch erst deutlich später: Im Jahr 1000 besuchte nachweislich Kaiser Otto III. den Stadtteil Elspe und bestätigte die Gründung eines adeligen Damenstifts auf dem Oedinger Berg.

Peperburg und Burg Bilstein

Im 12. Jh. wurde schließlich der Grundstein für eine erste Befestigungsanlage gelegt. Hoch oben auf der Berghöhe bei Grevenbrück diente die wuchtige **Peperburg** den Edelherren von Gevore als Wohnsitz und gehört damit zu den ältesten Herrschaftssitzen im östlichen Südsauerland. Heute sind von der imposanten Höhenburg nur noch die Grundmauern und Ruinenreste zu sehen. Nur wenige Kilometer weiter

▶ *Auf dem Elspe-Festival.*

südlich ließ der Edelherr Dietrich II. von Gevore schließlich Anfang des 13. Jh. die **Burg Bilstein** auf einem steil abfallenden Felsvorsprung des Rosenbergs erbauen. Nachdem die Festung 1363 in den Besitz der Grafen von Mark überging, eroberten die Kurkölner sie während der Soester Fehde nach einer mehrwöchigen Belagerung. Bis zur Säkularisierung im Jahr 1802 blieb die Burg mit ihren auffallenden Rundtürmen im Besitz der Kölner Erzbischöfe.

Sehenswürdigkeiten

Der Beginn einer wirtschaftlichen Blütezeit wurde durch den Bau der ersten Eisenbahnstrecke im Sauerland eingeläutet. Seit 1861 führt die Ruhr-Sieg-Strecke von Hagen über Altenhundem nach Siegen und diente als Verbindungsstrecke zwischen den Erzvorkommen des Sauerlands und der Industrie im Ruhrgebiet. Dadurch begünstigt, begann der Bergbau rund um Lennestadt zu florieren. Einen Einblick in den einstigen Abbau unter Tage ermöglicht ein Besuch im **Bergbaumuseum Siciliaschacht**. Eine multimediale Ausstellung illustriert die Aufbereitung und Weiterverarbeitung der Erze (Siciliastraße, Tel.: 0 27 21 / 8 14 34, www.bergbaumuseum.siciliaschacht.de, So 15–18 Uhr, Erwachsene 2,50 €, Jugendliche 1 €). Am Eingang des Stollens beginnt zudem ein 4,3 km langer Wanderweg, an dem 17 Informationstafeln durch die Bergbaugeschichte der Region führen.

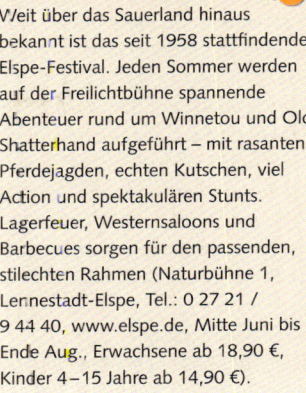

Eine außergewöhnliche touristische Attraktion ist der **Galileo-Park** in Lennestadt-Meggen, unmittelbar neben dem Bergbaumuseum. In Erlebnispyramiden begeben sich die Besucher auf eine spannende Wissensreise zu den ungelösten Rätseln der Welt und zu aufregenden, wissenschaftlichen Experimenten (Sauerland-Pyramiden 4–7, Tel.: 0 27 21 / 6 00 77 10, www.galileo-park.de, Di bis So 10–17 Uhr, Erw. 5 €, ermäßigt 3,50 €). Wer dagegen die vielseitige Region gerne aus der Vogelperspektive betrachten möchte, ist auf dem Aussichtsturm auf der **Hohen Bracht** genau richtig. Von dort bietet sich ein herrlicher Rundblick über das Ebbe- und Rothaargebirge – ein wahres Wanderparadies! Stärkung gibt es anschließend im zugehörigen Restaurant (siehe unter Essen & Trinken).

ESSEN & TRINKEN

✕ *Café am Aussichtsturm*
Restaurant-Café Hohe Bracht
Hohe Bracht, Lennestadt
Tel.: 0 27 23 / 23 95
www.hohe-bracht.de
Gepflegtes Restaurant mit Sauer-
länder und internationaler Küche.
Empfehlenswert sind auch die
wechselnden Tagesgerichte sowie
die selbstgebackenen Waffeln.
Im Winter Mo + Di Ruhetag.

⇔✕ *Mit Biergarten*
Hotel Landhaus Lenneper Führt
Selbecke 21, Kirchhundem-Selbecke
Tel.: 0 27 23 / 7 27 44
www.landhaus-lenneper-fuehrt.de
In elegantem Ambiente gibt es
Fleisch- und Wildspezialitäten und
eine große Auswahl an regionalen
Köstlichkeiten. Do Ruhetag.

⇔✕ *Zeit für Genuss*
Landhotel Voss
Winterberger Straße 36
Lennestadt-Saalhausen
Tel.: 0 27 23 / 9 15 20
www.hotel-voss.de
In liebevoll dekorierten Gasträumen
werden bodenständige, regionale
Speisen und internationale Gerichte
serviert. Tgl. geöffnet.

⇔✕ *Am Rothaarsteig*
Rothaarsteig Berghotel
Rhein-Weser-Turm
Rhein-Weser-Turm
Kirchhundem-Oberhundem
Tel.: 0 27 23 / 7 22 42
www.rhein-weser-turm.de

In dem 1932 errichteten Turm
laden die gemütlichen Gasträume
nachmittags zu frisch gebackenen
Waffeln und Kuchen ein. Abends
gibt es eine Jausenkarte und regionale Spezialitäten. Tgl. geöffnet.

MIT KINDERN UNTERWEGS

Panorama Park
Rinsecker Straße 100
57399 Kirchhundem
Tel.: 0 27 23 / 71 62 20
www.panoramapark-wildpark.de
Mitte April bis Anfang Nov.
10−17 Uhr, Ende Juli bis Anfang
Sept. bis 18 Uhr, Tageskarte 9,90 €.
Großzügig angelegter Wild- und
Erlebnispark mit heimischen
Wildtieren wie Rot- und Damwild,
Wildschweinen, Luchsen, Ottern
oder Wölfen. Besonderheiten: Strei-
chelzoo für die kleinen Besucher,
Sommerrodelbahn „Fichtenflitzer"
und Walderlebnis-Parcour.

SERVICEINFO

Tourist-Information
Lennestadt & Kirchhundem
Hundemstraße 18
57368 Lennestadt
Tel.: 0 27 23 / 60 88 00
www.lennestadt-kirchhundem.de

▶ FINNENTROP

17.700 Einwohner   (S. 185, D/E2)
Schwarz-weißes Fachwerk domi-
niert in den pittoresken kleinen
Orten der Gemeinde Finnentrop,
die abseits der Ballungszentren in
die malerische Naturlandschaft an
der Lenne eingebettet ist.

Doch nicht nur Ruhe und Erholung, sondern auch zahlreiche Sehenswürdigkeiten locken Gäste in die bis zu 900 Jahre alten Dörfer. Dazu zählen die drei alten Schlösser in Lenhausen, Bamenohl und Ahausen, ebenso die schönen, historischen Mühlen und Wasserkraftwerke. Ein schönes Ausflugsziel bietet die **Alte Mühle** im Ortsteil Frettermühle. Hier kann man sich am Wochenende und an Feiertagen nachmittags einen leckeren hausgemachten Kuchen im Caféstübchen schmecken lassen (Mühlenwinkel 2, Tel.: 0 27 21 / 7 08 72, www. muehlencafestuebchen-brill.de). Stolz sind die Finnentroper auf die kleine, spätromanische **St. Georg-Kirche** in Schliprüthen, etwa 20 Autominuten nordöstlich von Finnentrop. Die Pfarrkirche ist rund 800 Jahre alt und beherbergt eine wertvolle Orgel aus dem 17. Jh. Ein imposantes Naturdenkmal ist dagegen der **Hohe-Ley-Felsen** bei Heggen, eine fast 100 m große Felswand mit mehreren kleinen Höhlen.

SPORT & FREIZEIT
Erlebnisbad Finto
Am Markt, 2, Finnentrop
Tel.: 0 27 21 / 51 21 75
Di + Fr 14–21 Uhr, Mi
5:30–7:30 Uhr und 14–21 Uhr,
Do 14–19 Uhr, Sa 10–21 Uhr, So
9–20 Uhr, Erw. ab 5 €, ermäßigt ab
3 €, exklusive Saunanutzung.
Erlebnisbad mit Sprungtürmen,
Außenbereich und Rutschen. Beliebt
sind auch die Wellnessangebote
und die Saunawelt, die auf 300 m²
eine Block- und Dampfsauna, Massagebecken, einen Saunagarten und
eine Vitaminbar umfasst.

SERVICEINFO
Gemeinde Finnentrop
Am Markt 1, 57413 Finnentrop
Tel.: 0 27 21 / 51 21 51
www.finnentrop.de

▶ *Blick auf Finnentrop.*

1 Entlang des Möhnesee-Ufers

TOURINFO KOMPAKT

Anspruch:	Länge:	Dauer:	Höhendifferenz:
leicht	9,9 km	2:30 Std.	213 m

Bei dieser Tour rund um den Möhnesee können wir zahlreiche Vogelarten beobachten.

Ausrüstung: Feste Sportschuhe, Sonnenschutz, ausreichend Verpflegung und Getränke.

Anfahrt mit dem Auto: A44 bis zur Ausfahrt Soest, weiter auf der B229 nach Delecke, von dort zur Möhnestaumauer bei Günne.

Anfahrt mit Bus & Bahn: Mit dem Zug nach Soest, weiter mit dem Bus zur Möhnestaumauer bei Günne.

Ausgangspunkt: Möhnestaumauer bei Günne, Möhnesee
51° 29' 28" N 8° 3' 40" O

Einkehr: Restaurant Torhaus · Arnsberger Str. 4 · 59519 Möhnesee-Delecke · Tel.: 0 29 24 / 9 72 40 · www.torhausmoehnesee.de, kreative Gerichte, Spezialität des Hauses ist der Torhauskuchen, mit schöner Gartenanlage, Mo Ruhetag.

In der Hoffnung während der Wanderung einige Wasservögel in dem ausgewiesenen Vogelschutzgebiet beobachten zu können, starten wir zu der Tour an der **S Staumauer 1** des Möhnesees. Der See ist die flächenmäßig größe Talsperre im Sauerland. Vorrangiges Ziel der Talsperre war und ist die Niedrigwassererhöhung der Ruhr, in die das Wasser der Talsperre abfließt. Durch die Regulation des Wasserstandes wird eine gleichmäßige Versorgung des Ruhrgebietes mit Trinkwasser garantiert. Jenseits der Staumauer folgt man dem asphaltierten Wanderweg am Ufer entlang in Richtung Süden. Dabei wandern wir

von einer Bucht zur nächsten und können herrliche Ausblicke auf den See genießen. Im Süden des Sees befindet sich das Naturschutzgebiet Hevearm, das als überregional bedeutsames Biotop zum Schutz seltener Tier- und Pflanzenarten des Möhnesees ausgewiesen wurde. An der **Schlibbecke-Bucht 2** lohnt es sich, ein wenig zu verweilen, da man hier die Wasservögel besonders gut beobachten kann. Anschließend geht es durch den wunderschönen Mischwald zum **Hevedamm 3**. Dieser trennt den Hevesee vom Möhnesee. Auf der anderen Seite des Damms können wir im Restaurant Torhaus

Café Solo Loft · 252 · Delecke · **Möhnesee**
Linkstraße · Scharfenberg
① Staumauer · Freibad · **261 Drüggelter Höfe**
Haus Delecke
Linkturm · B229
245 · **227**
Möhnesee · Arnsberger Straße
223 · **Schiffsanlegestelle Hevehalbinsel** · **④** · 229 · *Delecker Mark* · 258
245 · Heversberg · 262 · **237**
Stauseeschleuse
238 · **③ Hevedamm**
216 · **225**
② Schlibbecke-Bucht
247 · 0 · 1 km · *Delecker Mark*

einkehren, bevor wir uns auf den Waldlehrpfad begeben, der sich auf der Hevehalbinsel in Richtung Westen erstreckt und über die landschaftlichen und geschichtlichen Besonderheiten des Möhnesees Auskunft gibt. Die Wanderung endet schließlich an der **Schiffsanlegestelle Hevehalbinsel ④**. Von hier fahren wir mit dem Katamaran zurück zur Sperrmauer Möhnesee-Günne. Am besten im Voraus nach den Fahrzeiten erkundigen (www.moehneseeschifffahrt.de).

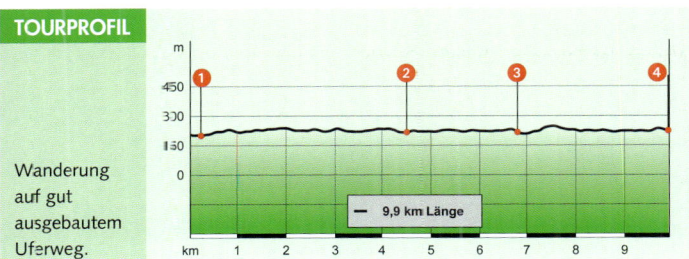

TOURPROFIL

Wanderung auf gut ausgebautem Uferweg.

m · 450 · 300 · 150 · 0
— 9,9 km Länge
km · 1 · 2 · 3 · 4 · 5 · 6 · 7 · 8 · 9

2 Die Sauerland-Waldroute nach Warstein

TOURINFO KOMPAKT			
Anspruch: leicht	Länge: 9,4 km	Dauer: 2:45 Std.	Höhendifferenz: 190 m

Ein Waldlehrpfad, ein Abenteuer- spielplatz, eine Tropfsteinhöhle und ein Wildgehege sorgen vor allem bei Kindern für unterhaltsame Abwechs- lung auf dieser Tour.

Ausrüstung: Feste Sportschuhe, Son- nenschutz, ausreichend Getränke.

Anfahrt mit dem Auto: A44 bis zur Ausfahrt Soest-Ost, weiter nach Hirschberg (Warstein) oder A46 bis zur Ausfahrt Meschede, weiter nach Hirschberg (Warstein).

Anfahrt mit Bus & Bahn: Mit dem Zug nach Meschede, weiter mit dem Bus nach Hirschberg (Warstein).

Ausgangspunkt: Sankt Christophorus- Kirche in Hirschberg, Warstein 51° 25' 47" N 8° 16' 29" O

Einkehr: Gasthäuser in Warstein. Unsere Empfehlung: Hotel Restaurant Lindenhof · Ottilien- str. 4 · 59581 Warstein · Tel.: 0 29 02 / 9 70 50 · www.lindenhof-warstein.de, gutbürgerliche Küche, tgl. geöffnet.

▶ *Die gemütliche Holzbank lädt zum Ausruhen ein.*

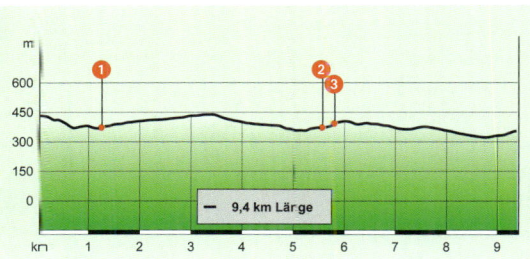

▶ *Mystische Stimmung auf der Sauerland-Waldroute.*

Die Sauerland-Waldroute wurde 2008 eröffnet und erstreckt sich auf einer Gesamtlänge von rund 240 km zwischen Iserlohn und Marsberg. Unsere Wanderung verläuft auf einer Teilstrecke der Waldroute und zwar von Hirschberg nach Warstein.

Wir beginnen die Tour an der Ⓢ Sankt Christophorus-Kirche im Warsteiner Ortsteil Hirschberg. Nach einem Blick ins Innere der Kirche orientiert man sich in Richtung Süden, trifft dann auf die Prinzenstraße und biegt nach links ab. Anschließend geht es rechter Hand

TOURPROFIL

Angenehme Tour auf wanderfreundlichen Böden.

9,4 km Länge

auf dem „Berghang" durch den von Fachwerkhäusern geprägten Ort. Wir befinden uns nun bereits auf dem Zuweg der Sauerland-Waldroute, die mit einem „grünen W auf weißem Hintergrund" markiert ist. Man wandert so lange geradeaus, bis man links in die Hagenstraße abbiegen kann. An der nächsten Kreuzung halten wir uns rechts, überqueren dann die Oeventroper Straße und folgen der Straße Wolterssiepen nach links. Auf der Schlehenallee geht es linker Hand zum **Freibad ❶**. Anschließend wandern wir entlang der „Schottmecke" durch den Wald. Am Waldrand orientiert man sich auf dem Feldweg in Richtung Süden und hält sich am Waldrand erst links, dann rechts. Nach wenigen Metern überqueren wir den Dindelweg und folgen nun der Sauerland-Waldroute durch den Arnsberger Wald. Nun geht man ein kurzes Stück bergab und trifft dann auf eine Forststraße. Wir wandern dort wenige Meter nach rechts und setzen dann die Tour linker Hand durch den Dimbruch fort.

Danach steigt man wieder bergauf und trifft nach einer Weile bei einem Wanderparkplatz auf den Schwarzen Weg, biegt dort nach rechts und wenige Meter weiter nach links auf den Waldlehrpfad zum Thema „Ökosystem Wald" ab. Jetzt wandert man zunächst etwas oberhalb, später direkt am Bilsteinbach entlang. Dieser verschwindet schließlich in verschiedenen sogenannten Bachschwinden am Fuße

des Bilsteinfelsens und tritt in einer Karstquelle direkt am Höhlenparkplatz wieder aus. Hier können sich die Kleinen am Abenteuerspielplatz „Viktoria" austoben, ehe man die **Bilsteinhöhle ❷** erreicht. Die Höhle ist etwa 1700 m lang, rund 450 m davon sind als ganzjährig geöffnete Schauhöhle für Besucher zugänglich. In der Höhle wurden paläontologische und prähistorische Funde gemacht.

Nach einer erlebnisreichen Führung durch die Höhle mit ihren bizarren Tropfsteinformationen durchqueren wir ein **Wildgehege ❸**. Hier kann man Luchse, Hirsche, Füchse und Waschbären beobachten.

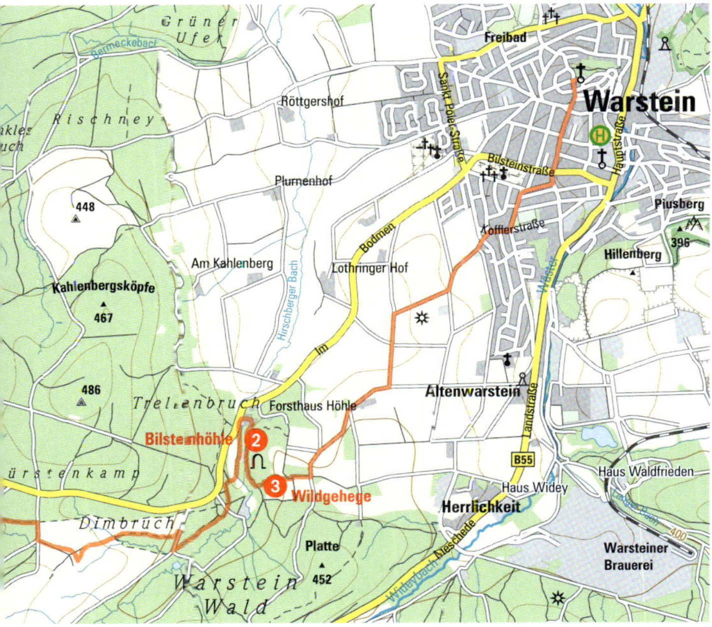

Anschließend verlassen wir die Sauerland-Waldroute und folgen dem Zuweg nach links. Ab hier weist uns wieder das „grüne W auf weißem Hintergrund" den Weg über die Felder nach Warstein. Am Stadtrand trifft man auf die Kofflerstraße und biegt wenig später nach links in die Kampstraße ab. Am Friedhof halten wir uns rechts, bevor wir auf dem Kesterweg linker Hand die Alte Kirche, unser Ziel, erreichen. Die Alte Kirche wurde im 14. Jh. auf dem Stadtberg erbaut und war Teil der damaligen Stadtbefestigung. Davon sind heute nur noch spärliche Reste erhalten. Ehe wir mit dem RegioBus nach Hirschberg oder Warstein zurückfahren (Fahrpläne unter www.rlg-online.de), lohnt sich noch ein Abstecher in die international bekannte Warsteiner Brauerei.

WARSTEINER BRAUEREI

Seit 1753 kann man Bekanntschaft mit der selbst ernannten Königin unter den Bieren machen. Wer mehr über die Geschichte der Brauerei erfahren möchte, sollte den Themenpark der Warsteiner Welt besuchen: Ganzjährig finden hier zw. 12 und 17 Uhr Führungen statt.

Warsteiner Welt
Im Waldpark, 59581 Warstein
Tel.: 0 29 02 / 88 50 05
www.warsteiner.de

3 Der Ruhrhöhenweg nach Antfeld

TOURINFO KOMPAKT

Anspruch:	Länge:	Dauer:	Höhendifferenz:
mittel	12,8 km	4:00 Std.	420 m

Zwischen der Burgruine Eversberg und dem Schloss Antfeld wandern wir ein Stück auf dem Ruhrhöhenweg. Auf aussichtsreichen Hügeln und in lichten Waldstücken genießen wir die herrliche Ruhe in freier Natur.

Ausrüstung: Feste Wanderschuhe, Sonnenschutz, Getränke und Verpflegung für unterwegs.

Anfahrt mit dem Auto: A46 bis zur Ausfahrt Meschede, weiter nach Eversberg.

Anfahrt mit Bus & Bahn: Mit dem Zug nach Meschede, mit dem Bus nach Eversberg.

Ausgangspunkt: Pfarrkirche St. Johannes Evangelist in Eversberg, Meschede 51° 21' 48" N 8° 20' 2" O

Einkehr: Verschiedene Lokale in Eversberg.
Unsere Empfehlung:
Gasthof Dollenhof · Mittelstraße 27a · 59872 Meschede-Eversberg · Tel.: 02 91 / 5 07 42 · www.dollenhof. de, uriges Lokal mit deftiger Kost aus Hausschlachtung, mit reizvoller Gartenterrasse und Kegelbahn, Di Ruhetag.

Wir beginnen diese aussichtsreiche Streckentour an der **S** Kirche in Eversberg und machen von dort sogleich einen Abstecher zur **Burgruine Eversberg ❶**, die sich etwas oberhalb von uns befindet. Es sind noch Reste des Bergfriedes erhalten, der als Aussichtsturm frei zugänglich ist. Von hier hat man einen herrlichen Ausblick auf den historischen Ortskern von Eversberg mit seinen Fachwerk- und Schieferhäusern. Anschließend steigen wir den Schlossberg hinunter und wandern – vorbei am Heimatmuseum – auf der Mittelstraße durch

den Ort in Richtung Norden. Schon nach wenigen hundert Metern biegt man rechts in die Straße Bue ein, auf der man Eversberg verlässt. Nun folgt man stets der Markierung des Ruhrhöhenweges, einem „weißen XR auf schwarzem Hintergrund". Der Ruhrhöhenweg ist ein insgesamt 240 km langer Wanderweg von der Ruhrquelle bei Winterberg bis zu deren Mündung in den Rhein bei Duisburg. Der Weg verläuft dabei selten direkt am Ufer, sondern folgt dem Fluss auf den benachbarten Hügeln und Bergen des Ruhrtales. Unsere Tour

▶ *Die Burgruine Eversberg.*

beschreibt den Streckenabschnitt von Eversberg nach Antfeld. Die Straße Bue mündet schließlich in die Straße Unter der Bue. Bei herrlichen Ausblicken wandert man nun durch den Naturpark Arnsberger Wald. Rechts von uns sehen wir den Hülsenberg (443 m ü. NN) und den Gersthagen (437 m ü. NN). Nach einer kurzen Waldpassage trifft man anschließend auf eine Kreuzung. Dort geht es nun auf dem etwas

TOURPROFIL

Abwechslungsreiche Aussichtstour.

— 12,8 km Länge

schmaleren Weg geradewegs über den **Gebkebach** ❷.
Etwa 300 m hinter der Brücke entscheiden wir uns an der Weggabelung für den rechten Abzweig und wandern im Schatten eines schönen Mischwaldes nach Föckinghausen, kommen dort an einem **Schullandheim** ❸ vorbei und halten uns am Waldrand links. Hungrige können nach wenigen Metern linker Hand einen Abstecher zum Hotel Waldhaus machen, ansonsten gehen wir zunächst leicht rechts und an der T-Kreuzung erneut nach rechts weiter. Nun befindet man sich am Fuß des 529 m ü. NN hohen Sengenberges. Schon nach einem kurzen Stück erreichen wir wieder die Forststraße, folgen ihr wenige Meter nach rechts, bevor wir zu unserer Linken den Beginn eines Pfades sehen können. Dieser schlängelt sich in nordöstlicher Richtung durch den Wald.

An der nächsten Weggabelung nehmen wir den linken Weg und treffen schließlich auf die Rüthener Straße. Man hält sich links und biegt etwa 150 m weiter nach rechts ab. Nachdem wir den **Schlebornbach** ❹ überquert haben, setzen wir die Tour nach links fort. Dieser Weg führt uns nun an den Fuß des Suhrenberges (497 m ü. NN), den wir im Uhrzeigersinn umrunden. Am Osthang des Suhrenberges orientiert man sich stets in südliche Richtung. Sobald wir den Wald verlassen, können wir schon unser Ziel Antfeld sehen und erreichen den Ort kurze Zeit später. Antfeld liegt am Oberlauf der Ruhr. Das Wahrzeichen des Ortes ist das gelb gestrichene **Schloss Antfeld** ❺. An der Stelle des Schlossgebäudes befand sich zuvor ein Gutshof, dessen Geschichte bis in das 13. Jh. zurückreicht. 1705 ließ Bernard von Schade den Grundstein für das

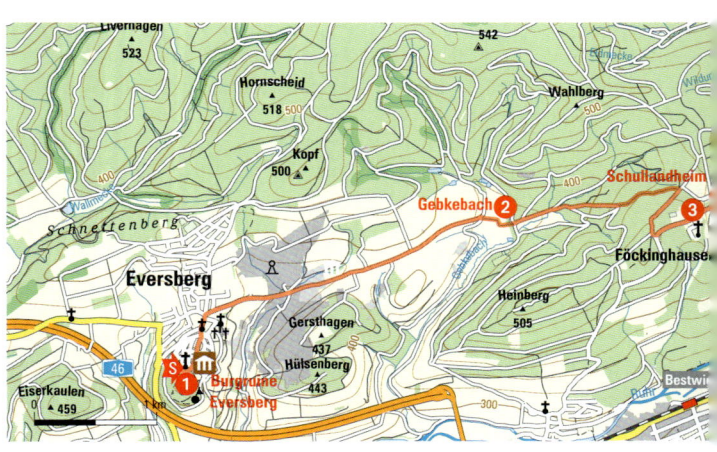

► *Im Innenhof des Schlosses Antfeld.*

dreiflügelige Barockanwesen legen, 30 Jahre später war der Bau abgeschlossen. Eine Besichtigung der Innenräume ist leider nicht möglich. Den Rückweg legen wir bequem mit dem Bus zurück. Von der Bushaltestelle in Antfeld an der Bundesstraße fahren wir mit der Linie 390 über Meschede-Wehrstapel zurück nach Eversberg.

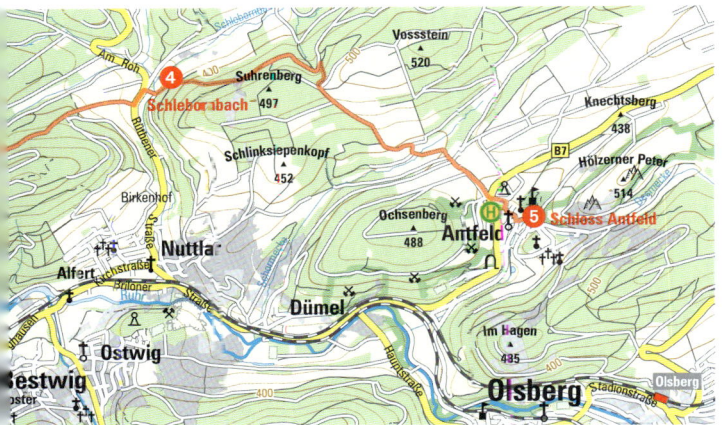

4 Auf dem Rothaarsteig bei Brilon

TOURINFO KOMPAKT

Anspruch:	Länge:	Dauer:	Höhendifferenz:
mittel	10,1 km	2:30 Std.	284 m

Auf dem Rothaarsteig, einem Premiumweg, wandern wir durch das südliche Stadtgebiet von Brilon und erleben dabei eine aussichtsreiche Runde durch die abwechslungsreiche Naturlandschaft.

Ausrüstung: Feste Sportschuhe, Sonnenschutz, ausreichend Verpflegung und Getränke.

Anfahrt mit dem Auto: A44 bis zur Ausfahrt Marsberg, weiter auf der B7 bis Brilon.

Anfahrt mit Bus & Bahn: Mit dem Zug zum Bahnhof der Stadt Brilon.

Ausgangspunkt: Am Rathaus in Brilon 51° 23' 44" N 8° 34' 5" O

Einkehr: Gasthäuser in Brilon. Unsere Empfehlung: Hotel am Wallgraben · Strackestr. 23 · 59929 Brilon · Tel.: 0 29 61 / 40 44 · www.hotel-am-wallgraben.de, Bistro-Restaurant mit romantischem Ambiente und einem gemütlichen, schattigen Biergarten, So Ruhetag.

Startpunkt dieser Rundwanderung ist am 🅂 Rathaus in Brilon. Erbaut in der Mitte des 13. Jh., zählt es zu den ältesten Rathäusern Deutschlands. Hier beginnt auch der Rothaarsteig, der durchgehend mit einem „liegenden R auf rotem Hintergrund" beschildert ist. Der

▶ *Wegekreuz auf dem Rothaarsteig.*

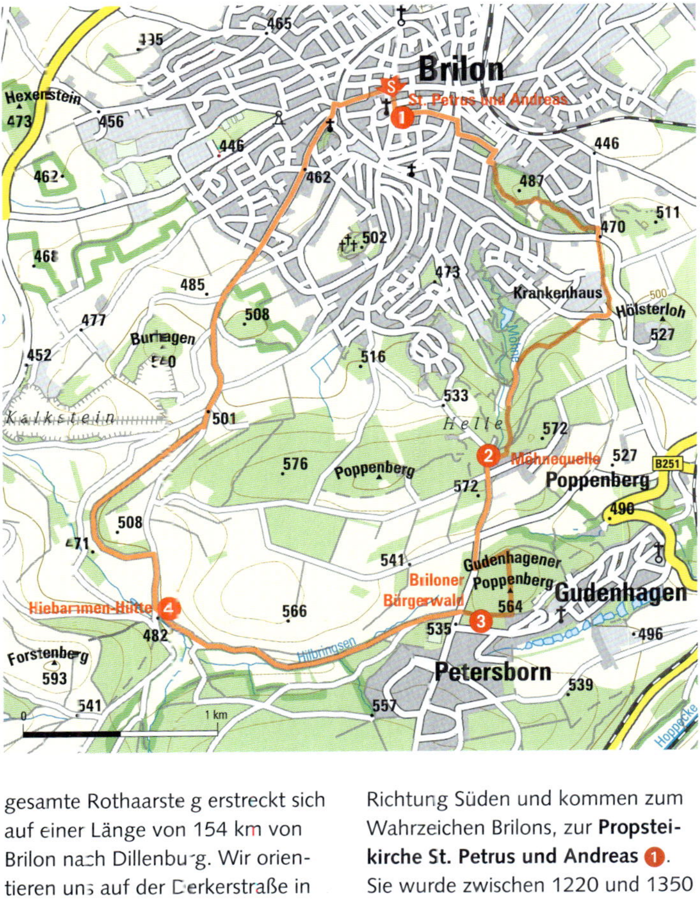

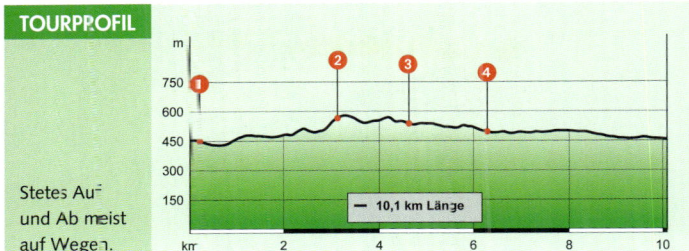

gesamte Rothaarsteig erstreckt sich auf einer Länge von 154 km von Brilon nach Dillenburg. Wir orientieren uns auf der Derkerstraße in Richtung Süden und kommen zum Wahrzeichen Brilons, zur **Propsteikirche St. Petrus und Andreas** ❶. Sie wurde zwischen 1220 und 1350

TOURPROFIL

Stetes Auf und Ab meist auf Wegen.

10,1 km Länge

im frühgotischen Stil erbaut. Dort biegt man nach links in die Niedere Straße ab und erreicht dann die Gartenstraße. Man wandert ein Stück nach rechts, bevor es linker Hand in den Heinrich-Jansen-Weg geht. Anschließend kommen wir rechts in das Naturschutzgebiet Drübel. Die 487 m ü. NN hohe Kalkkuppe des Drübels ist mit einem Kalkbuchenwald bewachsen. Hier weisen uns die Schilder des Rothaarsteiges den Weg. Am süd- westlichen Fuß des Drübels treffen wir anschließend auf die Straße Ammertenbühl, die uns rechter Hand zum Stadtkrankenhaus Maria Hilf führt.

Südlich des Krankenhauses zweigt zu unserer Linken ein schmaler Pfad ab, der sich in südwestlicher Richtung in leichtem Auf und Ab durch den Wald schlängelt. So erreichen wir schließlich am Osthang des Poppenberges die **Möhnequelle ❷**. Sie mündet nach 65 km bei

▶ *Landschaftsrahmen im Briloner Bürgerwald.*

Neheim-Hüsten in die Ruhr. Um die Möhnequelle gab es immer wieder Streitigkeiten. Ungeachtet der Diskussion, welcher Quellfluss nun der wichtigste Zufluss der Möhne ist: Sie entspringt in jeden Fall bei Brilon. Ihre Quellflüsse heißen Goldbach, Aa und Hunderbecke. Anschließend wandert man ein Stück in Richtung Süden und macht einen Bogen über den Gudenhagener Poppenberg zum **Briloner Bürgerwald** ❸. Das Kyrill-Tor

bildet dort mit 14 Holzstämmen die Eingangspforte. Im Januar 2007 zerstörte das Orkantief Kyrill zahlreiche Waldflächen. Hier wurde eine der Flächen von Freiwilligen wieder aufgeforstet. Auf der anderen Seite der Straße befindet sich der Parkplatz „Petersborn" und damit das Eingangsportal zur Waldroute. Dort weisen uns die Schilder des Rothaarsteiges den Weg an der Hilbringsen entlang zur **Hiebammen-Hütte** ❹. Diese zählt zu den schönsten Hütten am Rothaarsteig und ist als Qualitätsbetrieb ausgezeichnet. Nach der gemütlichen Rast verlassen wir den Rothaarsteig, der linker Hand über den Borberg zu den Bruchhauser Steinen führt. Wir wenden uns nach rechts, biegen bei der nächsten Gelegenheit nach links und an der folgenden T-Kreuzung erneut nach links ab. So kommt man an einem Kalkbruch vorbei. Rund um Brilon gibt es mehrere Kalkkuppen, die alle vom Abbau bedroht sind. Wir ignorieren weiterhin jegliche Abzweigung und erreichen schließlich auf dem Burhagener Weg die ersten Häuser von Brilon. Der Burhagener Weg geht wenig später in die Rochusstraße über. An der nächsten Kreuzung zweigt unsere Route nach rechts ab. So kehren wir zu unserem Ausgangspunkt zurück und können am Marktplatz in Brilon die Wanderung in einem der zahlreichen Cafés, umgeben von einer herrlichen Kulisse, noch genüsslich ausklingen lassen.

5 Bruchhauser Steine und Wasserschloss

TOURINFO KOMPAKT

Anspruch:	Länge:	Dauer:	Höhendifferenz:
schwer	16,3 km	5:00 Std.	654 m

Eine aussichtsreiche Tour führt uns zum Naturdenkmal Bruchhauser Steine. Vom Feldstein der einzigartigen Porphyr-Formation genießen wir einen schönen Blick auf das Ruhrtal und das Rothaargebirge. Das Wasserschloss Bruchhausen zieht uns mit seinem herrlichen Rosengarten in den Bann.

Ausrüstung: Feste Wanderschuhe, Sonnenschutz, Getränke und Proviant.

Anfahrt mit dem Auto: A46 bis Ausfahrt Bestwig, auf B7 nach Olsberg.

Anfahrt mit Bus & Bahn: Mit dem Zug nach Olsberg Bahnhof.

Ausgangspunkt: Bahnhof in Olsberg
51° 21′ 36″ N 8° 29′ 2″ O

Einkehr: Verschiedene Einkehrmöglichkeiten in Olsberg.
Unsere Empfehlung:
Restaurant Schinkenwirt · Eisenberg 2 · 59939 Olsberg · 0 29 62 / 9 79 05 44 · www.schinkenwirt.com, Slow Food lautet das Motto im Schinkenwirt, erlesene Gerichte aus schonend verarbeiteten Zutaten, Frühstücksbuffet, Salate, Kaffee und Kuchen, Nov. – März Mi Ruhetag.

Wir beginnen unsere Wanderung am  Bahnhof in Olsberg, wandern auf der Bahnhofstraße ein Stück in Richtung Ortszentrum und biegen dann nach rechts in die Sachsenecke ein. Man passiert die Kirche, trifft wieder auf die Bahnhofstraße und überquert sie. Wir wandern wenige Meter nach links und halten uns dann rechts. Die Straße Borberg mündet schließlich in der Straße Kienegge, auf der man die Stadt Olsberg hinter sich lässt. Hinter der Bahntrasse biegen wir nach rechts ab und folgen dem Weg über die Felder in den Wald.

▶ *Blick auf Olsberg.*

▶ *Blick über die Wiesen auf die imposanten Bruchhauser Steine.*

Stetig ansteigend, zweigt der Weg nach wenigen hundert Metern rechts in einen steilen Hohlweg ab. Wir folgen nun der gelben Rothaarsteig-Zugangs-Markierung über den Kronstein zum 669 m ü. NN hohen Borberg. Etwas unterhalb des Gipfels befindet sich auf dem Borbergskirchhof eine frühmit- telalterliche **Wallanlage** ❶. An der nächsten Weggabelung halten wir uns rechts und folgen nun ein Stück dem Rothaarsteig. Dieser Steig wurde vom Deutschen Wanderinstitut als Premiumweg ausgezeichnet und verläuft auf dem Gebirgskamm des Rothaargebirges von Brilon nach Dillenburg.

TOURPROFIL

Tour mit zwei steilen Anstiegen Höhenunterschied über 650 m.

— 16,3 km Länge

Kurz hinter der Kreuzung kommt man an der **St. Antoniuskapelle** ❷ vorbei, die 1924 erbaut wurde. Von hier aus können wir die herrliche Aussicht auf Olsberg genießen. An der Kapelle folgt man dem Weg in Richtung Osten und biegt in den zweiten Weg zu unserer Rechten ein. Nun geht es durch einen Mischwald zum Schusterknapp, den man umrundet.

So erreichen wir den Sattel zwischen Schusterknapp (616 m ü. NN) und Habberg (651 m ü. NN), an dem wir uns rechts halten und treffen wenig später auf eine Abzweigung. Links beginnt die aussichtsreiche Klettervariante (hier ist Trittsicherheit und Schwindelfreiheit erforderlich) über den 661 m ü. NN hohen Ginsterkopf. Wir entscheiden uns aber für den Forstweg, der unterhalb des Kammes entlangführt und genießen immer wieder die großartigen Ausblicke auf das Ruhrtal. Nach einem kurzen Abstieg trifft man – vorbei am Kunstwerk **Feuereiche** ❸ – auf eine Fahrstraße, überquert diese und folgt anschließend dem Verlauf des Rothaarsteiges zum Info-Center-Bruchhauser Steine. Von dort machen wir einen Abstecher zu den **Bruchhauser Steinen** ❹ und steigen auf eine Höhe von über 700 m ü. NN hinauf. Diese Felsformationen bestehen aus Porphyr und konnten der Verwitterung im Vergleich zu den umliegenden Gesteinmassen besser widerstehen. Den vier größten Bruchhauser Steinen gab man die Namen Bornstein, Feldstein,

Goldstein und Ravenstein. Mit einer Höhe von 727 m ü. NN ist der Feldstein der höchste und begehbar. Oben hat man eine großartige Aussicht auf die bizarren Felsen, das malerische Ruhrtal sowie das Rothaargebirge. Wir steigen schließlich wieder zum Info-Center-Bruchhauser Steine hinunter und folgen dort

den Wegweisern ins Medebachtal nach Bruchhausen an den Steinen. Unser Ziel ist das romantische **Wasserschloss Bruchhausen** ❺ aus dem 14. Jh. Das Anwesen ist im Besitz des Freiherrn von Fürstenberg-Gaugreber. Dazu gehören das Schloss mit Wassergraben, die Hofkammer, die Meierei und ein Kutschenmuseum. In der ehemaligen Meierei befindet sich heute eine kleine Hofbrauerei und ein schön angelegter Rosengarten. Am Ende unserer Wanderung können wir im angeschlossenen Rosencafé noch gemütlich einkehren. Nach der Rast geht es mit der Buslinie R31 zurück nach Olsberg.

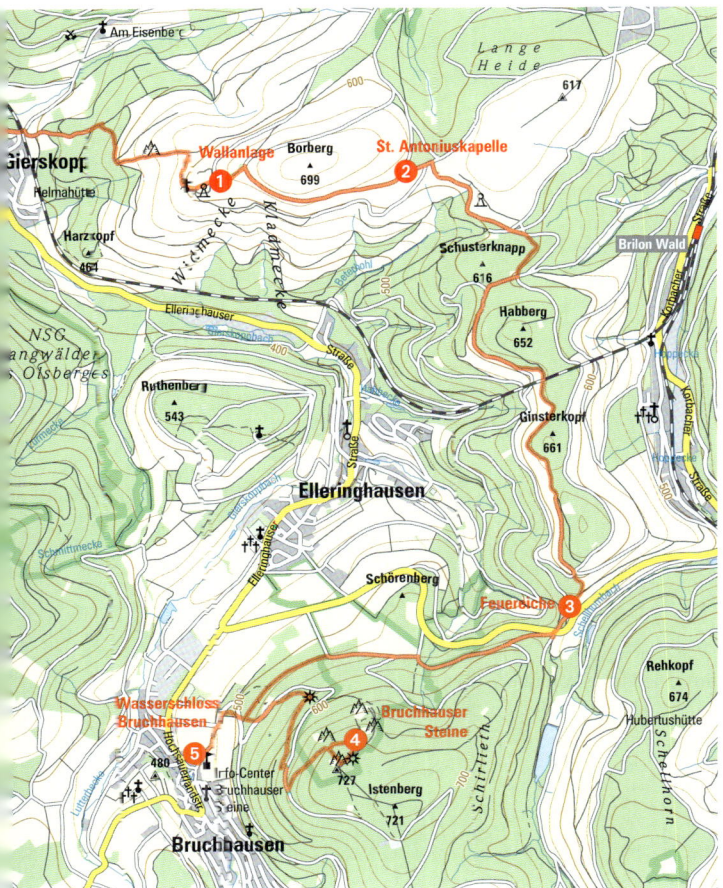

6 Auf dem Uplandsteig

TOURINFO KOMPAKT

Anspruch:	Länge:	Dauer:	Höhendifferenz:
mittel	11,4 km	4:00 Std.	380 m

Auf dem Uplandsteig geht es durch reizvolle Wälder zur historischen Ringwallburg Schwalenburg. Immer wieder quert der Qualitäts-Wanderweg aussichtsreiche Felder, die den Blick über die stimmungsvolle Hügellandschaft schweifen lassen.

Ausrüstung: Feste Sportschuhe, Sonnenschutz, ausreichend Verpflegung.

Anfahrt mit dem Auto: A46 bis Ausfahrt Bestwig, weiter auf B7 und B48 nach Brilon, auf B251 nach Willingen.

Anfahrt mit Bus & Bahn: Mit dem Zug nach Willingen.

Ausgangspunkt: Haus des Gastes in Willingen
51° 17' 34" N 8° 36' 37" O

Einkehr: Gasthäuser in Willingen.
Unsere Empfehlung:
Dorf Alm · Briloner Straße 44 · 34508 Willingen · Tel.: 0 56 32 / 96 61 90 · www.dorf-alm.de, Hüttenatmosphäre, Brotzeiten und kräftige Mahlzeiten, tgl. geöffnet.

▶ *Wanderer auf dem Uplandsteig.*

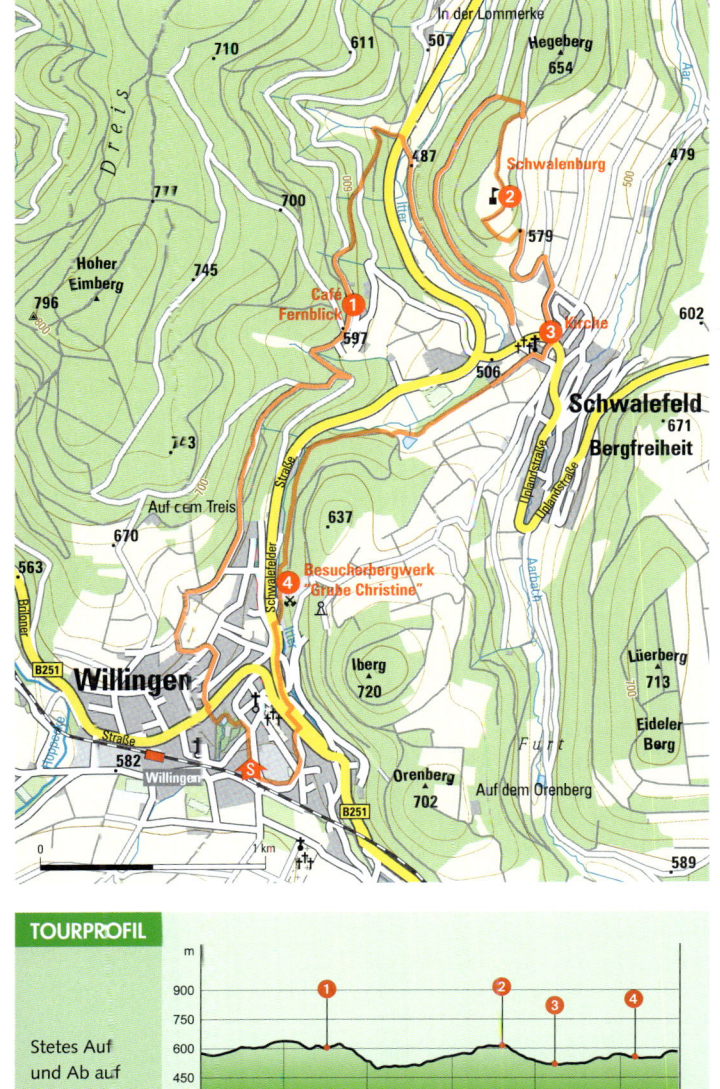

TOURPROFIL

Stetes Auf und Ab auf wander- freundlichen Wegen.

Der Uplandsteig ist ein 64 km langer Wanderweg mit knapp 1.500 Höhenmetern und führt einmal um die Gemeinde Willingen. Er besitzt das Gütesiegel „Qualitätsweg Wanderbares Deutschland". Bei dieser abwechslungsreichen Tour wandern wir streckenweise auf dem Uplandsteig durch das Waldecker Upland – so wird der zu Hessen gehörende Teil des ansonsten westfälischen Hochsauerlandes genannt. Der Startpunkt ist am Haus des Gastes in Willingen. Dort orientiert man sich zunächst auf der Straße Auf dem Gehren in Richtung Norden. An der Straße Am Kurgarten biegen wir nach links ab und wandern anschließend quer durch den Kurgarten, um wieder auf die Briloner Straße zu treffen. Man überquert diese und folgt der Straße Zum Treis leicht bergauf zum Sonnenweg. Auf der anderen Straßenseite führt nun ein Weg in einer Rechtskehre zum Haselnussweg. An dieser Stelle können wir einen ersten schönen Blick auf Willingen und den gegenüberliegenden Hausberg des Ortes, den Ettelsberg, werfen. Relativ eben verläuft der Haselnussweg nun in Richtung Norden. An der nächsten T-Kreuzung halten wir uns links und orientieren uns wenig später am Parkplatz des **Cafés Fernblick ❶** nach rechts. Etwa 300 m weiter verlässt man die Straße Am Schwalefelder Treis nach rechts. Durch den Buchenwald steigen wir nun ins malerische Ittertal hinab und kreuzen die Straße sowie die

Itter. Auf der anderen Seite der Itter biegt unsere Route nach rechts ab und schlängelt sich flussaufwärts am Waldrand entlang. An der nächsten Weggabelung, nahe des Cafés Waldesruh, wendet sich der Uplandsteig scharf nach links und führt uns auf den Burgring hinauf. Dort befinden sich Überreste der **Schwalenburg ❷**, einer Ringwallburg des frühen Mittelalters. Der Burgring besteht aus mehreren Wällen und Gräben und umschließt eine Fläche von sechs Hektar. Damit gehört sie zu den eindruckvollsten frühgeschichtlichen Befestigungen Mitteleuropas. Von dem kleinen

▶ Im Schieferbergwerk „Grube Christine".

Aussichtsturm, der sich in der Mitte befindet, hat man einen guten Überblick über die gesamte Anlage. Am südlichen Wall der historischen Stätte beginnt anschließend unser der Abstieg in das Aartal.

Hier verlassen wir den mit einem „weißen U auf dunklem Hintergrund" markierten Uplandsteig und steigen nach Schwalefeld hinunter. An der **Kirche** ❸ folgt man der Markierung „W8", verlässt den Ort und wandert geradewegs über die Felder.

Hinter einem Teich am Waldrand biegen wir jetzt nach rechts ab. Der Weg schlängelt sich nun am Hang entlang zunächst nach Westen, dann nach Süden. So kommen wir zum **Besucherbergwerk „Grube Christine"** ❹ am Ortsrand von Willingen und können dort Einblicke in die Arbeit des Schiefer-Bergbaues im Iberg gewinnen. Im Anschluss überqueren wir die Itter, biegen an der Schwalefelder Straße nach links ab, halten uns wenige Meter weiter rechts und biegen in die Waldecker Straße nach links ab. Kurz darauf beginnt zu unserer Rechten die Straße Am Mühlenberg, die dann in der Nähe unseres Ausgangspunktes in die Straße Auf dem Gehren mündet.

7 Um den Hennesee bei Meschede

TOURINFO KOMPAKT

Anspruch:	Länge:	Dauer:	Höhendifferenz:
mittel	14,6 km	4:30 Std.	352 m

Wir wandern um die Hennetalsperre, wo eine schöne Badebucht zum Schwimmen, die MS Hennesee zu einer Seefahrt und ein Biergarten zum Verweilen einladen.

Ausrüstung: Feste Sportschuhe, ausreichend Getränke, evtl. Badesachen.

Anfahrt mit dem Auto: A46 bis zur Ausfahrt Meschede, weiter auf der B55 zum Hennesee.

Anfahrt mit Bus & Bahn: Mit dem Zug nach Meschede, weiter mit dem Bus nach Meschede-Berghausen.

Ausgangspunkt: Parkplatz an der B55 nahe Berghausen, Meschede
51° 20' 20" N 8° 16' 6" O

Einkehr: Diverse Einkehrmöglichkeiten in Meschede.
Unsere Empfehlung:
Restaurant Hennedamm · Am Stadtpark 6 · 59872 Meschede · Tel.: 02 91 / 9 96 00, rustikal, mit hellem Wintergarten, täglich geöffnet.

Am **S** Parkplatz an der B55 starten wir zu unserer Runde um den Hennesee, zu dessen Ufer wir wenige Meter hinuntersteigen. Unsere Route ist durchgängig mit der Markierung „A8" ausgeschildert. Am Ufer befindet sich auch die **Anlegestelle ❶** der MS Hennesee. Wir wenden uns nun nach rechts und wandern am Ufer entlang zur **Berghauser Bucht ❷**, einer beliebten Badebucht. Dabei passiert man einige Bootsanleger und kann den Blick über die Hennetalsperre schweifen lassen. Seit 1901 wird die Henne, ein Nebenfluss der Ruhr, südlich von Meschede aufgestaut, um Niedrigwasser im Flusssystem der Ruhr

auszugleichen, Hochwasser zu vermeiden und Energie zu gewinnen. Einige Siedlungen wurden damals überflutet und liegen heute auf dem Grund des Sees. In heißen Sommern kann man ihre Reste aus dem Wasser ragen sehen und über die alte Brücke des Dorfes Hellern oder Teile der alten Bundesstraße wandern. Hinter der Badestelle überquert man die heutige Bundesstraße B55, folgt ihr ein kurzes Stück und wandert auf einem schräg nach links leicht ansteigenden Weg durch den Wald. Dieser Weg führt uns auf den Rücken des 460 m ü. NN hohen Sommerberges hinauf. Nun wieder leicht abwärts wandernd, verlässt

▶ *Eine Fahrt mit der MS Hennesee ist ein ganz besonderes Erlebnis.*

man den Wald und hat jetzt einen herrlichen Ausblick auf den Hennesee und die am südöstlichen Ufer gelegene Ortschaft Vellinghausen. Am Flugplatz Schüren können wir im **Restaurant Wolkenstürmer** ❸ einkehren und den Flugzeugen beim Starten und Landen zuschauen. Bald treffen wir auf die Straße nach Enkhausen. Sie führt links hinab nach Enkhausen. Mit herrlichem Blick auf den See geht es nun in einem Rechtsbogen nach Mielinghausen an die Südspitze des Hennesees. Man quert dort den **Mielinghauser Vordamm** ❹, wendet sich dahinter nach links und folgt der Uferlinie. Wer möchte, kann hier mit der MS Hennesee zurück nach Berghausen fahren. Wir aber wandern auf dem See-Randweg weiter am Ufer entlang in Richtung Norden. Nun umrundet man eine weitere Bucht, passiert die Bedarfsanlegestelle von Vellinghausen und folgt weiter dem Uferweg. Rechts von uns erheben

TOURPROFIL

Tour auf breiten Wegen mit einem An- und Abstieg zu Beginn.

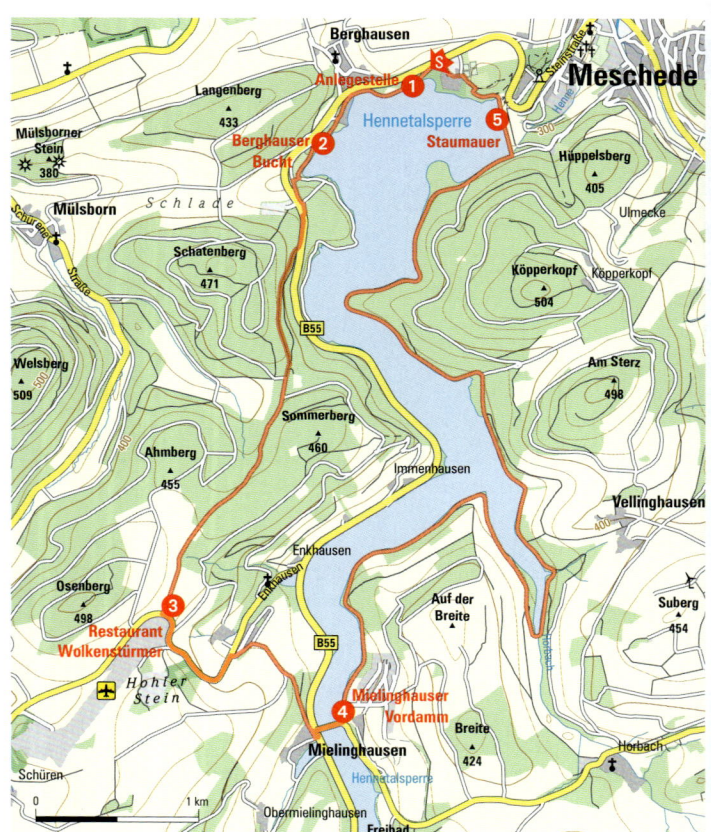

sich die Kuppen des 498 m ü. NN hohen Berges Am Sterz und des mit 504 m ü. NN etwas höheren Köpperkopfes. Nachdem wir letzteren zur Hälfte umrundet haben, sehen wir wieder die 376 m lange Staumauer der Hennetalsperre. Der heutige Damm wurde zwischen 1952 und 1955 errichtet, nachdem die alte Staumauer, die zu Beginn des 19. Jh. gebaut wurde, undicht geworden war. Nach dem Überqueren der **Staumauer** ⑤ kann man gemütlich im Hennedamm-Hotel oder im „Chillin" – einem kleinen Pavillon mit Biergarten – einkehren und mit schönem Blick auf den See die Wanderung ausklingen lassen. Von hier aus sind es nur wenige hundert Meter, an der Hennesee Residenz vorbei, zurück zum Ausgangspunkt, dem Parkplatz an der B55.

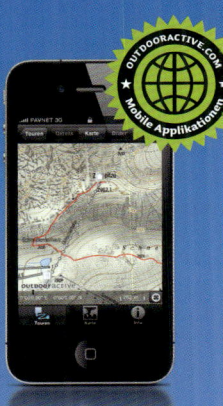

8 Auf dem Homertweg nach Grevenstein

TOURINFO KOMPAKT

Anspruch:	Länge:	Dauer:	Höhendifferenz:
schwer	20,4 km	7:00 Std.	806 m

Bewaldete Höhenzüge mit herrlichen Fernblicken prägen diese Etappe des Homertweges vom historischen Arnsberg im Ruhrtal in den Brauereiort Grevenstein. Auf unserem Weg erwarten uns sehenswerte Gotteshäuser und eine allseits bekannte Brauerei.

Ausrüstung: Feste Wanderschuhe, Sonnenschutz, Getränke und Proviant.

Anfahrt mit dem Auto: A46 bis zur Ausfahrt Arnsberg Ost.

Anfahrt mit Bus & Bahn: Mit dem Zug nach Arnsberg (Westf), weiter mit dem Bus zum Neumarkt.

Ausgangspunkt: Auf dem Neumarkt in Arnsberg
51° 23' 41" N 8° 3' 52" O

Einkehr: Restaurants in Arnsberg und Umgebung.
Unsere Empfehlung:
Hotel Restaurant Menge · Ruhrstr. 60 · 59821 Arnsberg · Tel.: 0 29 31 / 5 25 20 · www.hotel-menge.de, traditionelle Gerichte der westfälischen Küche, Mo und So Ruhetag.

Bevor wir vom **S** Neumarkt in Arnsberg loswandern, lohnt sich eine Besichtigung der historischen Stadt mit ihren zahlreichen Sehenswürdigkeiten zwischen Schlossruine und Kloster. Die Auferstehungskirche am Neumarkt und das in sich geschlossene Klassizismusviertel wurden im frühen 19. Jh. angelegt. Der Weg führt uns zunächst in die Klosterstraße. Hier sehen wir das Hirschberger Tor mit zwei Jagdszenen von J. C. Manskirch, das seit 1826 diesen Platz einnimmt und vorher am Jagdschloss des Kurfürsten Clemens-August in Hirschberg stand. Vor dem Tor beachten wir noch das ehemalige Kloster Wedinghausen, ein im Jahr 1170 gegründetes Prämonstratenserkloster sowie die **Propsteikirche** ❶ des ehemaligen Klosters mit Sakristei, Kapitelsaal, Kreuzgang, Grafenkapelle und Bibliothek. Die Kirche war von 1794 bis 1803 Sitz des Kölner Domkapitels, das hier den Domschatz und die Reliquien der Hl. Drei Könige vor den Franzosen versteckte. Der Homertweg führt kurz vor der Propsteikirche linker Hand den Berg zur Ruhr hinab, wo wir nach wenigen Metern rechts am Flussufer weiterwandern. Man sieht unterwegs die Rundturnhalle und

▶ *Am Alten Markt in Arnsberg.*

einen neu angelegten Sportplatz mit einem renaturierten Teil der Ruhr. Kurze Zeit danach queren wir über eine Holzbrücke die Ruhr und kommen so in die Hellefelder Straße, der wir nach rechts folgen. Vor dem Kreisverkehr und einem Einkaufsmarkt biegt der Weg nach links in das Hellefelder Bachtal ein. Wenig später endet die Bebauung und wir folgen dem Waldweg, der am Hellefelder Bach entlangführt. Nun kommt man an einer Sportanlage mit mehreren Tennisplätzen vorbei. Danach überqueren wir einen Waldweg und erreichen eine zweite Tennisanlage. Jetzt führt der Weg, leicht ansteigend, durch das baumbestandene Tal des Hellefelder Baches zum Westhang

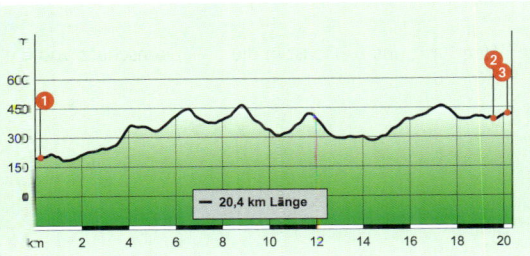

TOURPROFIL

Streckentour mit stetem Auf und Ab, Höhenunterschied über 800 m.

— 20,4 km Länge

des Stierkopfes. Anschließend geht es leicht bergab in die Tallagen von Herblinghausen. Der Weg überquert in Herblinghausen den Frenkhauser Bach, führt anschließend nach etwa 200 m über eine Landesstraße, dann nach links, wieder leicht ansteigend, auf die Ausläufer des Hardtberges und über die Fahrstraße nach Visbeck. In Visbeck wird eine weitere Landesstraße überquert. Der Weg führt uns

dann durch die Visbecker Feldflur, überquert den Arpebach und eine Fahrstraße und verläuft schließlich, leicht ansteigend, in Richtung Grevenstein. Weiter geht es nun durch den Wald. Nach einer Weile erreicht man schließlich die **Brauerei Veltins** ❷. Sie wurde 1824 gegründet. Eine Führung durch eine der größten deutschen Privat-Brauereien ist ein ganz besonderes Erlebnis. Man sollte sich jedoch frühzeitig für eine

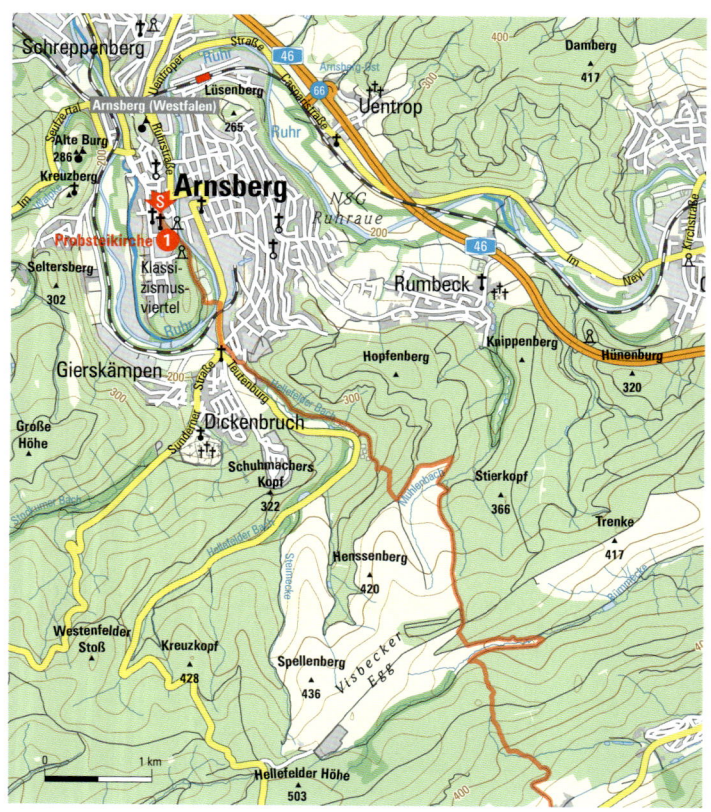

solche Brauereitour anmelden. Anschließend wandern wir durch Grevenstein, das 1324 erstmals urkundlich erwähnt wurde. Der hübsche Ort siedelte um eine Burg auf einer Bergkuppe oberhalb des Arpetales. Reste des ursprünglichen Burgturmes bilden heute den Kirchturm der **Pfarrkirche** ❸. In Grevenstein gibt es zahlreiche Restaurants, in denen wir uns mit sauerländischen Spezialitä-

ten stärken können. Von hier aus fahren wir mit der Buslinie 367 nach Meschede-Freienohl und von dort mit dem Zug zurück nach Arnsberg. Am besten vor der Tour über die Fahrzeiten informieren.

BRAUEREI VELTINS

An der Streue
59871 Meschede-Grevenstein
Tel.: 0 29 34 / 95 90, www.veltins.de

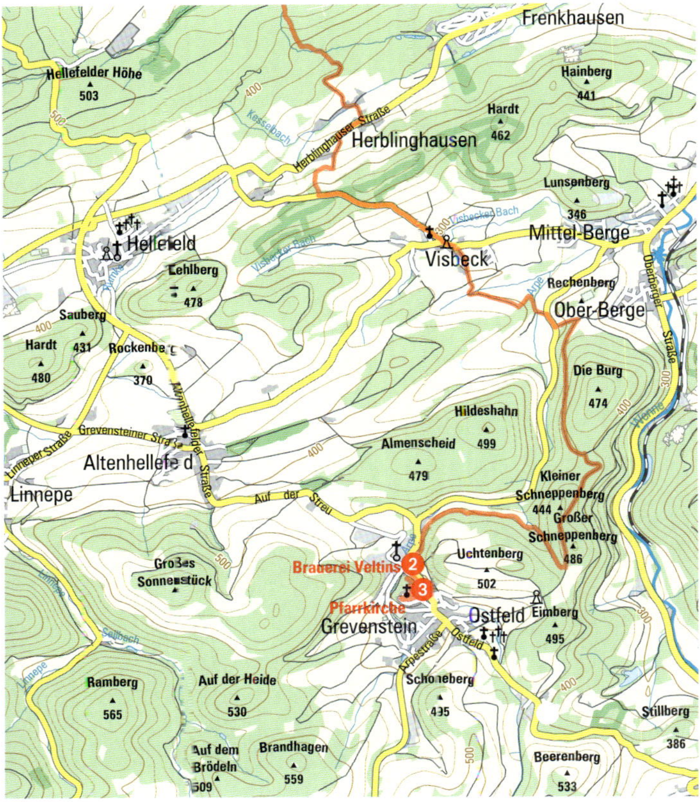

9 Am Sorpesee

TOURINFO KOMPAKT

Anspruch:	Länge:	Dauer:	Höhendifferenz:
leicht	8,3 km	2:30 Std.	233 m

Inmitten des Naturparks Homert verbinden wir eine Wanderung entlang des Sorpeseeufers mit einer Bootsfahrt.

Ausrüstung: Feste Wanderschuhe, Getränke, Proviant und evtl. Badesachen für eine Badepause.

Anfahrt mit dem Auto: A46 bis zur Ausfahrt Arnsberg, weiter auf der B229 bis Hachen, von dort nach Langscheid.

Anfahrt mit Bus & Bahn: Mit dem Zug bis Neheim-Hüsten oder Arnsberg, weiter mit dem Bus über Sundern nach Langscheid.

Ausgangspunkt: Sorpedamm bei Langscheid, Sundern
51° 21' 10" N 7° 57' 52" O

Einkehr: Verschiedene Gaststätten in Langscheid.
Unsere Empfehlung:
Hotel Restaurant Seegarten · Zum Sorpedamm 21 · 59846 Sundern-Langscheid · Tel.: 0 29 35 / 9 64 60 · www.hotel-seegarten.com, Gerichte aus regionalen Produkten, täglich geöffnet.

Der Sorpesee zählt zu den großen Stauseen des Ruhrverbandes im Sauerland und befindet sich inmitten des Naturparks Homert. Er dient neben der Energieerzeugung auch als Naherholungsgebiet. Der **S Sorpedamm ❶** wurde zwischen 1926 und 1935 erbaut. Damals war

▶ *Der Sorpesee ist von einer malerischen Hügellandschaft umgeben.*

dies eine der größten Baustellen Europas. Auf der anderen Seite des mächtigen Bauwerkes beginnt rechts ein asphaltierter Wanderweg, auf dem es nun stets am Ufer entlanggeht. Wir umwandern zahlreiche Buchten und genießen immer wieder die herrliche Aussicht auf das glitzernde Wasser des Stausees. Nach einer Weile erreichen wir eine Aussichtsplattform und blicken hier auf das eindrucksvolle Naturdenkmal **Kyrillwald** ➋. Auf der etwa 20.000 m² großen Fläche – das entspricht in etwa drei Fußballfeldern – liegen rund 1.200 Festmeter Holz. Die durch den Orkan Kyrill im Januar 2007 gefällten Bäume sollen hier unberührt liegen bleiben. So will man beobachten, wie sich dort ohne Eingreifen des Menschen die Natur entwickelt.

Weiter geht es nun zum **Amecker Damm** ➌, von dem man nochmals einen wunderbaren Blick auf den See hat. Dort befindet sich auch die Anlegestelle der Personenschifffahrt Sorpesee, mit der wir gemütlich den Rückweg über den See antreten. So entdeckt man das Gewässer noch auf eine andere Art und Weise. Das

Motorschiff fährt von Ostern bis Oktober täglich mehrere Male von Amecke zum Sorpedamm. Am besten erfragen wir zu Beginn der Tour die Abfahrtszeiten oder informieren uns unter www.personenschifffahrt-sorpesee.de. Wer lieber zu Fuß gehen möchte, kann entlang des Westufers zurückwandern.

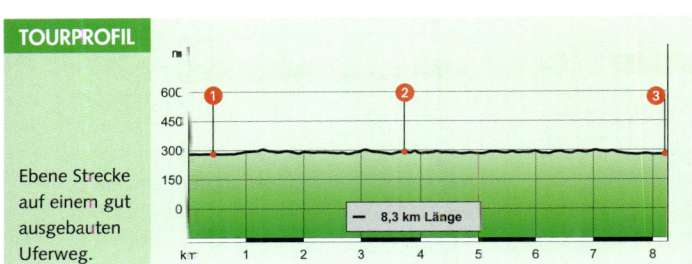

TOURPROFIL

Ebene Strecke auf einem gut ausgebauten Uferweg.

10 Durch die Hönneschlucht

TOURINFO KOMPAKT

Anspruch:	Länge:	Dauer:	Höhendifferenz:
leicht	5,2 km	1:45 Std.	299 m

Durch das Hönnetal, ein großartiges Schluchttal mit zahlreichen Höhlen und schroffen Felsen, wandern wir bei dieser Tour.

Ausrüstung: Feste Sportschuhe, Sonnenschutz, Getränke und Verpflegung.

Anfahrt mit dem Auto: A46 bis zur Ausfahrt Bilvernigsen (Autobahnende), weiter auf der B7 nach Hemer, von dort über Deilinghofen nach Binolen.

Anfahrt mit Bus & Bahn: Mit dem Zug nach Menden, weiter mit der Hönnetalbahn bis zur Bahnhaltestelle in Binolen.

Ausgangspunkt: Parkplatz am Hotel Restaurant „Haus Recke" in Binolen, Balve
51° 22' 14" N 7° 51' 38" O

Einkehr: Unsere Empfehlung: Hotel Restaurant Haus Recke · Binolen 1 · 58802 Balve-Binolen · Tel.: 0 23 79 / 2 09 · www.haus-recke.de, Sauerländer Spezialitäten, Mo Ruhetag.

Diese Wanderung führt uns durch das Hönnetal, das zu den bedeutendsten Karstgebieten in Deutschland zählt. Durch die Auswaschungen des Kalksteines über Jahrtausende hinweg, bildeten sich eine Schlucht und viele Höhlen. Startpunkt der Tour ist am **S** Hotel Restaurant „Haus Recke" in Binolen, einem Ortsteil von Balve. Dort passiert man die Gleise und überquert die Hönne, bevor man nach rechts auf die mit einem „weißen W auf grünem Hintergrund" markierte Sauerland-Waldroute abbiegt. An der nächsten Abzweigung halten wir uns erneut rechts und folgen dem Uferweg entlang der Hönne.

Bei trockener Witterung versickert die den Massenkalk durchbrechende Hönne plötzlich und durchfließt dann die unterirdischen Karsthöhlensysteme. Das Bachbett ist danach auf einer Strecke von etwa 2 km trocken.
Beeindruckt von diesem Naturschauspiel, folgen wir weiterhin dem Bachbett und sehen schließlich auf der anderen Seite des Flusslaufes die Felsgruppe der Sieben Jungfrauen. Eine Bank lädt hier zum Verweilen ein. Kurz darauf passieren wir die **Tunnelhöhle ❶** und erreichen anschließend die Stelle, an der die Hönne wieder aus dem Untergrund auftaucht. Dieses Na-

turschauspiel wird **Bachaustritt** ❷ genannt. Sobald man auf der anderen Seite der Hönne die Klusensteiner Mühle sieht, sollte man auch einen Blick nach links oben wagen. Etwa 50 m über uns thront die in der Mitte des 14. Jh. erbaute **Burg Klusenstein** ❸ auf dem gleichnamigen Felsen. Hier befindet sich auch die Burghöhle, in der zahlreiche Funde – Zeugnisse vorgeschichtlicher Wohnstätten – entdeckt wurden. Wir kehren nun um und wandern zur Tunnelhöhle zurück. Kurz dahinter biegt unsere Route

nach rechts ab, wo uns Schilder den Weg zur **Feldhofhöhle** ❹ weisen. Auf dem Weg dorthin sehen wir die Burg Klusenstein in voller Größe. Hinter der Feldhofhöhle biegt man auf den zweiten Weg nach links ab. Wir treffen nach etwa zehn Minuten auf einen talwärts führenden Schotterweg, der wenig später auf die Waldroute trifft. So kommt man wieder nach Binolen zurück. Hier befindet sich die **Reckenhöhle** ❺, die im Jahr 1888 entdeckt wurde. Ein kleiner Teil der Tropfsteinhöhle ist begehbar und kann im Rahmen einer Führung besichtigt werden. Insgesamt sind etwa 2.500 m der Höhlengänge bekannt. Gegenüber der Höhle befindet sich das „Haus Recke", unser Ausgangspunkt. Dort haben wir noch die Möglichkeit, einzukehren.

BAHNHOF BINOLEN

In Binolen befindet sich einer von insgesamt sechs Bahnhöfen der Hönnetalbahn. Im Bahnhofsgebäude ist ein kleines Museum eingerichtet, jedes Jahr verkehren hier auch zahlreiche Sonderzüge.

TOURPROFIL

Sanftes Auf und Ab auf schmalen Pfaden.

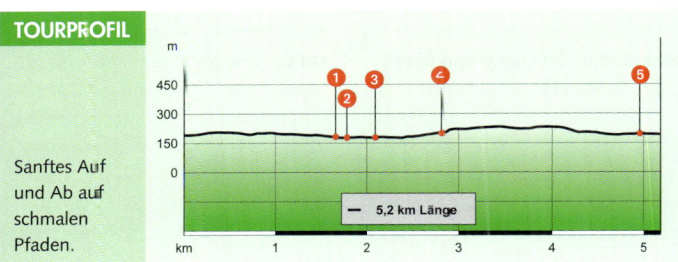

11 Von Neuenrade auf den Kohlberg

TOURINFO KOMPAKT

Anspruch:	Länge:	Dauer:	Höhendifferenz:
mittel	9,9 km	3:00 Std.	978 m

Durch schöne Wälder wandern wir auf den Kohlberg und genießen dort vom Aussichtsturm den herrlichen Rundblick auf den Naturpark Homert. Die abwechslungsreiche Tour führt über schattige Pfade und weite Felder, teils begleitet von der lieblichen Hönne.

Ausrüstung: Feste Wanderschuhe, Sonnenschutz und Getränke für unterwegs.

Anfahrt mit dem Auto: A45 bis zur Ausfahrt Lüdenscheid, weiter auf der B229 über Werdohl nach Neuenrade im Märkischen Kreis.

Anfahrt mit Bus & Bahn: Mit dem Zug nach Neuenrade.

Ausgangspunkt: Bahnhof Neuenrade 51° 17' 3" N 7° 47' 38" O

Einkehr: Diverse Gasthäuser in Neuenrade.
Unsere Empfehlung:
Hotel Restaurant Wilhelmshöhe · Werdohler Straße 54 · 58809 Neuenrade · Tel.: 0 23 92 / 7 20 10 · www.hotel-wilhelmshoehe.com, traditionelle Gerichte und Spezialitäten der Saison, mit Biergarten, täglich geöffnet.

Wir beginnen diese Wanderung am **S** Bahnhof in Neuenrade und orientieren uns sogleich auf der Bahnhofstraße in Richtung Südwesten. An der nächsten Kreuzung wendet man sich nach rechts und folgt der Straße Landwehr. Am Ortsrand biegen wir zu unserer Linken in die Straße Lange Gasse und wenig später rechts in den Tannenweg ein. Der Weg führt nun an einem Kreuz vorbei. Bei der zweiten Gelegenheit knickt unsere Route nach rechts ab und trifft nach einem leichten Anstieg auf die Dahler Straße. Man überquert diese, folgt ihr ein kurzes

Stück in Richtung Norden, bevor ein Weg nach links abzweigt. Auf diesem Weg erreichen wir erneut die Fahrstraße, wandern aber auf dem Wanderweg linker Hand weiter. Wenig später biegt man auf einen schmalen Pfad nach rechts ab. So treffen wir wieder auf die Straße, folgen ihr kurz nach rechts, überqueren sie und steigen zum Kohlberg (514 m ü. NN) hinauf. Rechter Hand führt ein Weg zum **Quitmannsturm** ❶. Dieser 14 m hohe Aussichtsturm wurde Ende des 19. Jh. errichtet. Von hier hat man einen herrlichen Blick auf den

Naturpark Homert. In unmittelbarer Nähe befindet sich auch die Wasserscheide zwischen Lenne und Hönne. Etwas nördlich des Quitmannsturmes passiert man ein Ehrenmal, ehe man geradewegs – jenseits der Fahrstraße – zum **Kohlberghaus** ❷ kommt. Das Haus wurde 1925 als Hotel erbaut und beherbergt heute ein Pflegeheim. Von hier folgen wir der Fahrstraße ein Stück nach links und verlassen sie in der Linkskurve scharf nach rechts. Nun wandert man durch den schattigen Mischwald nach Villenberg hinab, orientiert sich dort in Richtung Süden und geht am Fuß des 512 m ü. NN hohen Großen Attigs entlang. Wir treffen nach einer Weile auf eine querende Straße und folgen ihr ein Stück nach links. So erreicht man auf einer Höhe von 454 m ü. NN einen Sattel und genießt an dieser Stelle die herrliche Aussicht auf Neuenrade. Etwas östlich kommen wir zur **Hönnequelle** ❸, die 33 km lang durch reizvolle Landschaften fließt und schließlich in die Ruhr mündet. Wir folgen dem Weg hinter der Quelle parallel zur Forststraße, wandern durch den dichten Wald und über aussichtsreiche Wiesen und kehren schließlich nach Neuenrade zurück.

TOURPROFIL

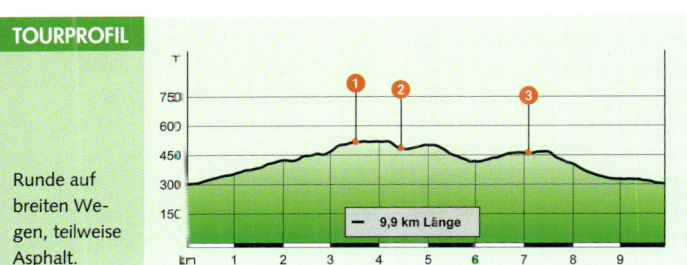

Runde auf breiten Wegen, teilweise Asphalt.

— 9,9 km Länge

12 Hoch über dem Lennetal

TOURINFO KOMPAKT

Anspruch:	Länge:	Dauer:	Höhendifferenz:
leicht	6,8 km	2:00 Std.	239 m

Auf schattigen Waldwegen und durch aussichtsreiche Täler geht es auf den Hemberg, der bei Plettenberg hoch über dem Lennetal thront.

Ausrüstung: Feste Wanderschuhe, Sonnenschutz, Getränke und Verpflegung für unterwegs.

Anfahrt mit dem Auto: A45 bis zur Ausfahrt Lüdenscheid-Süd, weiter über Herscheid und Köbbinghausen nach Plettenberg, Parkplatz in nördlicher Richtung zwischen Plettenberg und dem Dorf Affeln.

Ausgangspunkt: Parkplatz Ausspann zwischen Plettenberg und Affeln 51° 14' 57" N 7° 51' 43" O

Einkehr: Verschiedene Einkehrmöglichkeiten in Plettenberg.
Unsere Empfehlung:
Restaurant Berghaus Tanneneck · Brachtweg 61 · 58840 Plettenberg · Tel.: 0 23 91 / 33 66, gemütliches Lokal in ruhiger Lage am Waldrand, in familiärer Atmosphäre werden gutbürgerliche lokale und internationale Mahlzeiten gereicht, Mo und Di Ruhetag.

An unserem Ausgangspunkt, dem **S** Parkplatz mit dem bedeutungsvollen Namen Ausspann, beginnen zahlreiche Waldwege. Wir entscheiden uns für den zweiten Weg links, halten uns bei der nächsten Weggabelung ebenfalls links und kurz darauf rechts. Auf angenehmen, schattigen Waldwegen überquert man so den 535 m ü. NN hohen **Hemberg** ❶. Unsere Route führt über dessen Kuppe, verlässt dann den Wald und beschreibt eine Linkskurve. Bei der nächsten Gelegenheit biegen wir im spitzen Winkel nach links ab. Der Weg verläuft nun in einer Rechtskurve direkt

über das Lennetal und bietet uns eine großartige **Aussicht auf das Flusstal und die „Vier-Täler-Stadt" Plettenberg** ❷. Diesen Beinamen trägt Plettenberg aufgrund der Täler von Lenne, Else, Grünebach und Oesterbach, in der die Stadt liegt. Unser Weg teilt sich schließlich und wir entscheiden uns für die linke Wegvariante. Jetzt schlängelt sich der Weg wieder durch dichteren Wald und führt uns zu einer weiteren Kreuzung. Hier biegt man nach links und wenige Meter später nach rechts ab. Danach wandern wir durch den Wald, bis wir den kleinen Weiler mit dem schönen Namen

Birnbaum ❸ erreichen.
Hier wendet man sich in spitzem
Winkel nach rechts und hält sich
an der nächsten Weggabelung
links. Nun wandern wir wieder auf
angenehmen, schattigen Wegen
durch den dichten Wald und halten
uns stets bergauf in Richtung
Homert. An der T-Kreuzung geht
man nach rechts und umrundet so
den 511 m ü. NN hohen Homert.
Unser Weg biegt jetzt nach links ab
und wir lassen den Namensgeber
des Wanderparkplatzes, den 485 m
ü. NN hohen „Ausspann" rechter

Hand liegen. Nun halten wir uns
rechts, bis wir nach einem kurzen
Wegstück unseren Ausgangspunkt
wieder erreichen.

SAUERLÄNDER KLEINBAHN

Auf der ehemaligen Bahnstrecke Plettenberg–Herscheid verkehrt heute die
Sauerländer Kleinbahn. Am Bahnhof
Hüinghausen ist auch eine historische
Fahrzeugsammlung zu bestaunen, die
nicht nur Zugliebhaber nostalgisch
werden lässt. www.sauerlaender-
kleinbahn.de

TOURPROFIL

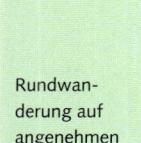

Rundwan-
derung auf
angenehmen
Wanderwegen

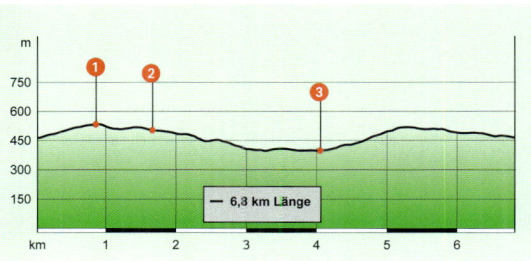

13 Auf dem Sauerland Höhenflug

TOURINFO KOMPAKT

Anspruch:	Länge:	Dauer:	Höhendifferenz:
mittel	13,7 km	4:30 Std.	565 m

Bei dieser Tour im Hochsauerland erleben wir die Natur der Sauerländischen Hügellandschaft.

Ausrüstung: Wanderschuhe, Proviant.

Anfahrt mit dem Auto: A45 bis zur Ausfahrt Olpe, weiter auf der B54, B517 und B511 über Schmallenberg nach Bad Fredeburg.

Anfahrt mit Bus & Bahn: Mit dem Zug nach Olpe, weiter mit dem Bus nach Bad Fredeburg.

Ausgangspunkt: Kirche St. Georg in Bad Fredeburg
51° 11' 30" N 8° 18' 39" O

Einkehr: Verschiedene Einkehrmöglichkeiten in Bad Fredeburg.
Unsere Empfehlung:
Hotel-Restaurant Hochland · In der Schmiedinghausen 9 · 57392 Bad Fredeburg · Tel.: 0 29 74 / 9 63 00 · www.hotel-hochland.de, breite Auswahl an saisonalen Gerichten, außerdem Vesperplatten und Spezialitäten vom heißen Stein, tgl. geöffnet.

► *Wegmarkierung auf dem Sauerland Höhenflug.*

► *Auf dem Sauerland Höhenflug bei Bad Fredeburg.*

Der Luftkurort Bad Fredeburg, ein Ortsteil der Stadt Schmallenberg im Hochsauerland, ist Ausgangpunkt dieser Wanderung. An der Ⓢ Kirche St. Georg orientieren wir uns auf der Straße Im Ohle ein kurzes Stück nach Süden und biegen am Kurhaus nach links ab. Nach etwa 200 m knickt unsere Route erneut nach links und an der Straße Am

TOURPROFIL

Tour auf breiten Wegen mit einem längeren, steilen Anstieg.

— 13,7 km Länge

Weißen Stein nach rechts ab. Anschließend steigen wir direkt am Waldrand ein Stück bergauf, bevor wir auf einen kleinen Pfad nach links abbiegen. Ab hier folgen wir nun dem Wanderweg Sauerland Höhenflug. Dahinter verbirgt sich ein neuer Wanderweg, der von den Startpunkten Burg Altena oder Meinerzhagen nach Korbach führt und insgesamt 254 km lang ist. Markiert ist der Weg mit einem „geschwungenen weißen H auf gelbem Hintergrund". Wir wandern im Schatten der Bäume bergauf und halten uns an der nächsten T-Kreuzung rechts. So kommt man an einem Schieferbruch vorbei.

Kurz darauf beginnt zu unserer Linken ein Weg, der uns am Waldrand entlang leicht bergauf führt. Hier genießen wir eine herrliche Aussicht. Bis zur nächsten T-Kreuzung bleibt man auf diesem Weg. Dann geht es rechter Hand nach Huxel hinab. Dort können wir einen Abstecher zur **St. Elisabeth-Kapelle** ❶ machen. Danach verlässt man den kleinen Ortsteil von Schmallenberg ostwärts. Sobald unser Weg eine Rechtskurve be-

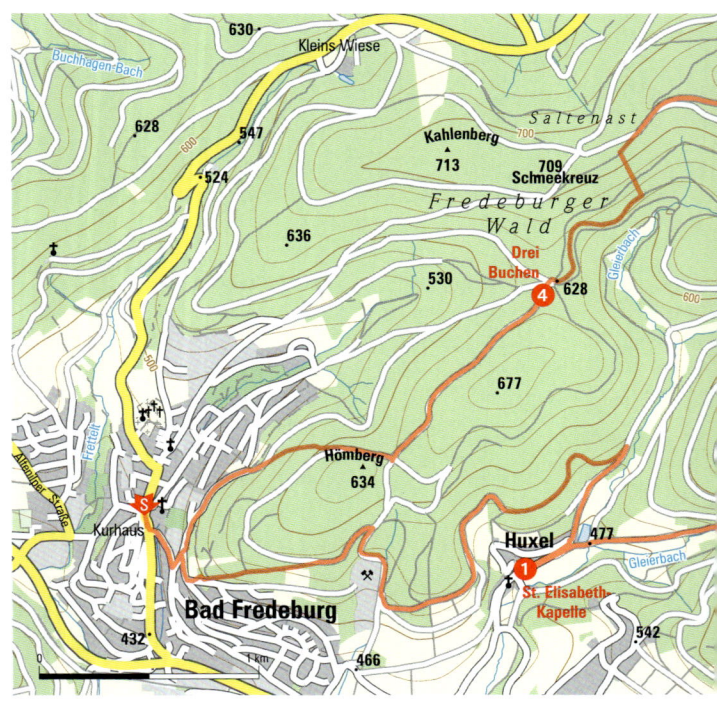

schreibt, kürzen wir ihn geradewegs durch den Wald ab und erreichen schließlich den knapp 600 m ü. NN hohen Sattel zwischen dem Jühberg (739 m ü. NN) und dem Ohlberg (681 m ü. NN). Am Sattel weist uns die Beschilderung des Sauerland Höhenfluges der richtigen Weg. Es geht nun rechter Hand des Jühberges leicht bergauf. Rechts von uns sehen wir den Zwergberg.
Am Nordhang des Jühberges erreichen wir eine Wegspinne, gehen dort nach rechts und etwa 180 m weiter nach links. Wenig später kommt man an die unbewirtschaf-

HÖHENFLUG IM SAUERLAND

Im Mai 2008 wurde der über 250 km lange Sauerland Höhenflug ins Leben gerufen. Durch 19 Orte mit zahlreichen kulturhistorischen Sehenswürdigkeiten und einzigartige Naturlandschaften führt der Wanderweg. Der „Höhenflug" bewegt sich zumeist auf 400 bis 800 Metern ü. NN mit herrlichen Weitblicken. Schutzgebiete wie die Medebacher Bucht beherbergen eine vielfältige Flora und Fauna.

tete **Hunau-Hütte** ❷. Bänke laden nun zu einer Rast ein.
Nach der Pause verlassen wir nun den Sauerland Höhenflug und treten den Rückweg an. Wir folgen dem Weg in Richtung Westen über das **Heikersköpfchen** ❸ (294 m ü. NN). Anschließend beschreibt unser Weg einen weiten Linksbogen. Bevor dieser einen Rechtsbogen macht, setzen wir die Tour geradewegs auf einem schmalen Wanderweg fort.
Nach etwa 100 m geht es nach links und etwa 200 m weiter nach rechts. So kommt man an den **Drei Buchen** ❹, einem Naturdenkmal, vorbei. Nach einer kurzen Verschaufpause nehmen wir dort den Weg in Richtung Süden und biegen nach etwa 1 km am Nordosthang des Hömberges (634 m ü. NN) nach rechts ab. Nun geht es noch ein kurzes Stück durch den Wald abwärts bevor wir zu unserem Ausgangspunkt in Bad Fredeburg zurückkehren.

14 Die Golddörferroute bei Bad Fredeburg

TOURINFO KOMPAKT

Anspruch:	Länge:	Dauer:	Höhendifferenz:
schwer	18,5 km	5:30 Std.	957 m

Von Bad Fredeburg wandern wir durch idyllische Dörfer, die vielfach mit der Goldmedaille im Wettbewerb „Unser Dorf soll schöner werden" ausgezeichnet wurden.

Ausrüstung: Feste Wanderschuhe, Sonnenschutz, evtl. Badesachen für eine Badepause.

Anfahrt mit dem Auto: A45 bis zur Ausfahrt Olpe, weiter auf der B54, B517 und B511 über Schmallenberg nach Bad Fredeburg.

Anfahrt mit Bus & Bahn: Mit Bahn und Bus über Olpe nach Bad Fredeburg.

Ausgangspunkt: Kirche St. Georg in Bad Fredeburg
51° 11' 30" N 8° 18' 39" O

Einkehr: Diverse Restaurants in den Dörfern entlang der Tour.
Unsere Empfehlung:
Landgasthof Wulbeck · Niedersorpe 8 · 57392 Schmallenberg-Niedersorpe · Tel.: 0 29 75 / 5 49 · www.gasthof-wulbeck.de, rustikal, Mi Ruhetag.

▶ *Nach der Tour laden die Altstadtgassen von Bad Fredeburg noch zu einem gemütlichen Bummel ein.*

▶ *In Bad Fredeburg beeindrucken zahlreiche Fachwerkbauten.*

Zu unserer Wanderung durch die Gold-prämierten Dörfer rund um Bad Fredeburg starten wir an der Ⓢ Pfarrkirche St. Georg in Bad Fredeburg. Der ruhige Luftkurort liegt landschaftlich sehr schön im Rothaargebirge. In seiner Geschichte ging es hier allerdings nicht immer beschaulich zu. Nach der Erbauung der Fredeburg im 14. Jh. kam es

ständig zu Unruhen. Im 17. Jh. folgten dann zahlreiche Hexenprozesse, von denen die bei der Femelinde stehende Hexenkapelle zeugt. Wir starten an der **Kirche St. Georg ❶** und biegen nach links in die Straße Am Kurhaus ein. Danach hält man sich immer links und kommt am Fuß des 634 m ü. NN hohen Hömberges zu einem heute noch

TOURPROFIL

Sanftes Auf und Ab auf gut ausgebauten Wegen.

— 18,5 km Länge

produzierenden **Schieferbruch** **2**.
Nachdem wir diesen umrundet
haben, nehmen wir die zweite
Abzweigung nach links in Richtung
Huxel. Der nicht alltägliche Name
setzt sich aus den Worten Hucke
(Kröte) und Ohl (Tal) zusammen.
Die Route führt uns mitten durch
den Weiler, über den Gleierbach
und weiter nach Holthausen. Das
Bundesgolddorf erhielt seine Prä-
mierung 1979.

Wer möchte, kann einen Abstecher
zum **Westfälischen Schieferberg-
bau- und Heimatmuseum** **3** machen und sich dort unter anderem
über den Schieferbergbau sowie
über heimat- und naturkundliche
Dinge informieren.

Der Ohlberg (681 m ü. NN) erhebt
sich zu unserer Linken, wir wandern
in Richtung Burgberg zu einem
kleinen Bach, einem Zufluss der
Sorpe. Hier biegt man nach rechts
ab und wandert oberhalb des
Baches entlang nach Niedersorpe.
Dort treffen wir auf die Sorpe und
kreuzen sie, um auf der südöstlichen
Talseite des Knollen (533 m ü. NN)
zur Bundesstraße B236 zu kommen.
Parallel dazu führt uns ein kleiner
Feldweg in Richtung Winkhausen.
Der Sage nach soll hier der Sachsen-
könig Widukind um 800 n. Chr. ein
Heerlager aufgeschlagen haben, um
von dort aus die Wallburganlage
auf dem Wilzenberg zu erstür-
men. Diesen Weiler lässt man aber
rechter Hand liegen und wandert
stattdessen weiter nach Osten bis
zum Stadtrand von Schmallenberg.

Hier kreuzen wir noch einmal die
Bundesstraße B236 und kommen so
in die Straße Im alten Felde. Nach
kurzer Zeit biegt man rechts in den
Weißdornweg ab und gelangt über
die Breslauer und Waldenburger
Straße zum nördlichen Ortsrand
Von hier ist es nicht weit nach
Obringhausen. Das kleine Dorf lag

direkt an der Heidenstraße, einer über 1.000 Jahre alten und rund 500 km langer Heer- und Handelsstraße, die auf direktem Weg von Leipzig über Kassel nach Köln führte. In der Ortsmitte wenden wir uns nach rechts, durchwandern ein ausgedehntes Waldgebiet und kehren zurück nach Bad Fredeburg.

SCHIEFERMUSEUM

Von der Tradition des Schieferbergbaus im Sauerland können sich Besucher des Schieferbergbau- und Heimatmuseums in Holthausen überzeugen. Auch interessante Abteilungen zur Volkskunde und Kunst im Sauerland gibt es dort. Mehr Informationen siehe S. 77.

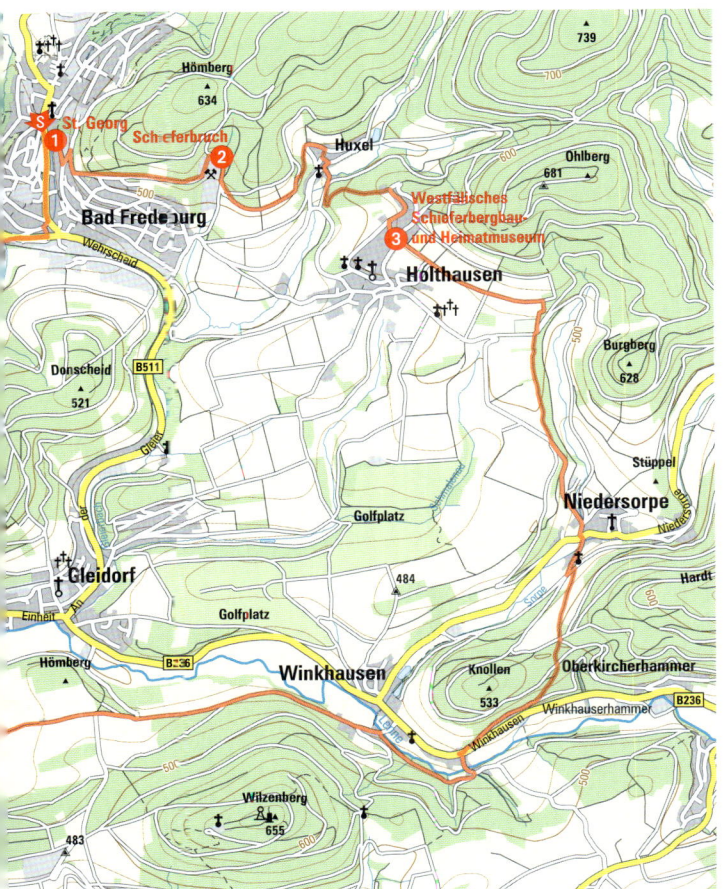

15 Auf den Kahlen Asten

TOURINFO KOMPAKT

Anspruch:	Länge:	Dauer:	Höhendifferenz:
leicht	7,1 km	2:00 Std.	233 m

Der Kahle Asten befindet sich im Mittelpunkt der Sauerländer Gebirgslandschaft. Auf dem Astenturm hat man eine einzigartige Rundsicht.

Ausrüstung: Feste Sportschuhe, Sonnenschutz, Getränke und Verpflegung.

Anfahrt mit dem Auto: A46 bis Ausfahrt Bestwig, weiter auf B7 nach Olsberg, auf B480 nach Winterberg, weiter auf B48 nach Altastenberg.

Anfahrt mit Bus & Bahn: Mit dem Zug nach Winterberg, weiter mit dem Bus nach Altastenberg.

Ausgangspunkt: Wanderparkplatz Sahnehang bei Altastenberg, Winterberg 51° 11′ 9″ N 8° 28′ 40″ O

Einkehr: Restaurants in Winterberg und Altastenberg.
Unsere Empfehlung:
Berghotel Hoher Knochen · Hoher Knochen · 57392 Schmallenberg-Hoher Knochen · Tel.: 0 29 75 / 8 50 · www.hoher-knochen.de, Di Ruhetag.

🄢 Am Wanderparkplatz Sahnehang bei Altastenberg starten wir zu dieser Tour. Der heilklimatische Kurort Altastenberg ist ein Stadtteil von Winterberg und mit seiner Lage auf etwa 800 m ü. NN der höchstgelegene Ort Westfalens.
Am Parkplatz orientiert man sich auf der Fahrstraße ein Stück in Richtung Süden und verlässt diese in der Rechtskurve geradeaus. Wir folgen den Wegmarkierungen „As3/ As4" und wandern durch einen Mischwald leicht bergab. Kurz hinter einer Rechtskehre teilt sich der Weg. Wir entscheiden uns für den linken Weg, verlassen also die Markierungen „As3/ As4", die rechts bergab weiterführen. Nach etwa 1,5 km trifft man auf den vom Astengebiet herunterkommenden und mit „X27" markierten Friedrich-Wilhelm-Grimme-Weg. Dem Weg „X27" folgen wir nach rechts bergab durch ein Waldgebiet zu zwei **Jagdhütten** ❶. Dort trifft man auf den mit „X2" markierten Astenweg und folgt diesem nach links hinunter ins Lennetal. Der Astenweg führt nun immer leicht bergauf zu Fischteichen und anschließend steil hinauf zur Landwehr vor Lenneplätze.
Hier trifft man auf den bekannten Rothaarsteig, die Winterberger Hochtour sowie die mit „X6" und

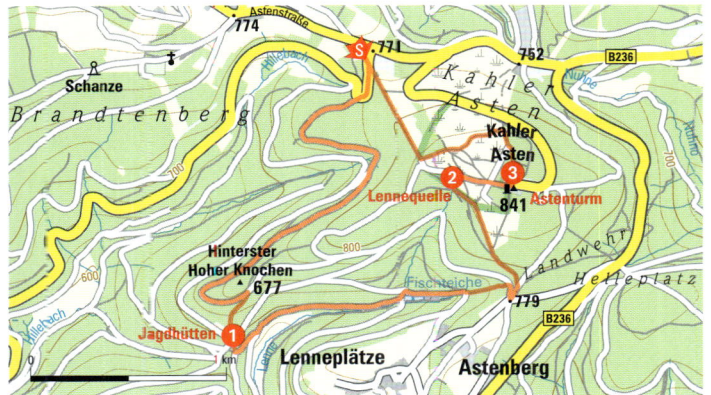

„X14" markierten Hauptwanderwege des Sauerländischen Gebirgsvereines. Der Rothaarsteig führt uns hinauf zur Asten-Hochfläche – vorbei an der **Lennequelle** ❷ – und auch zum **Astenturm** ❸. Dort befindet sich ein Restaurant. Nach der Rast besteigen wir noch den Turm und genießen die prächtige Aussicht. In der Ausstellung „Kahler Asten – das Dach Westfalens" kann man mehr über das Naturschutzgebiet mit der Hochhe de, über die Wetterwarte und die Geschichte des Astenturmes erfahren. Auf dem Rothaarsteig wandern wir nun über

die Hochfläche zur Bergstation des Liftes am Sahnehang, orientieren uns dort entlang der Lifttrasse talwärts und kehren so wieder zum Ausgangspunkt zurück.

KAHLER ASTEN

Der Kahle Asten ist zweifellos der bekannteste Berg in Nordrhein-Westfalen. Der höchste ist er entgegen vieler Annahmen jedoch nicht: Mit seinen 841 m ü. NN ist „das Dach Westfalens" hinter dem 843 m ü. NN hohen Langenberg nur die zweithöchste Erhebung.

TOURPROFIL

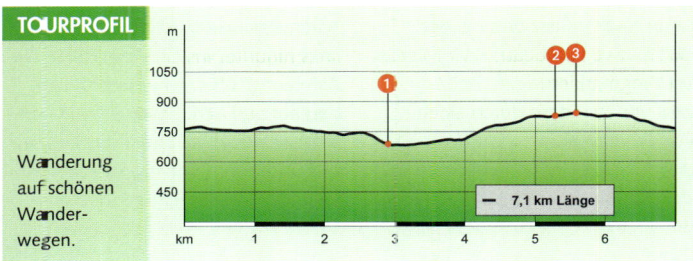

Wanderung auf schönen Wanderwegen.

16 Auf der Winterberger Hochtour

TOURINFO KOMPAKT

Anspruch:	Länge:	Dauer:	Höhendifferenz:
mittel	9,0 km	2:45 Std.	366 m

Bei der Winterberger Hochtour wandern wir auf den Gipfel der Alten Grimme und durch das Orketal wieder zurück.

Ausrüstung: Feste Wanderschuhe, Getränke, Proviant und evtl. Badesachen für eine Badepause.

Anfahrt mit dem Auto: A46 bis zur Ausfahrt Bestwig, weiter auf der B7 nach Olsberg, von dort auf der B480 nach Winterberg.

Anfahrt mit Bus & Bahn: Mit dem Zug nach Winterberg, mit dem Bus nach Elkeringhausen.

Ausgangspunkt: Am See beim Haus des Gastes in Elkeringhausen, Winterberg
51° 12' 12" N 8° 34' 25" O

Einkehr: Gasthäuser in Winterberg. Unsere Empfehlung:
Grimmeblick · Am langen Acker 5 · 59955 Winterberg-Elkeringhausen · Tel.: 0 29 81 / 9 26 60 · www.grimmeblick.de, dekorative Einrichtung, internationale Speisen, tgl. geöffnet.

Am **S** Haus des Gastes, nahe am See in Elkeringhausen, starten wir zu dieser Runde. Etwa 1 km wandert man – immer der Markierung der Winterberger Hochtour „WHT" folgend – im Orketal leicht bergan. In der Linkskurve folgen wir der Straße Am Grimmen nach links weiter ins Orketal. Nach etwa 600 m biegen wir dann nach rechts bergauf in das so genannte Müggenloch ab. Der zunächst breite Waldwirtschaftsweg wird zum Pfad und führt steil hinauf zum Rösbergsattel (681 m ü. NN). Eine Bank lädt uns dort zur Rast ein. Nach rechts führen uns die Wegzeichen „WHT"

bergauf. Wer gut aufpasst, entdeckt auf der linken Wegseite einen kleinen Wall mit einem alten Grenzstein, denn wir wandern an der Stadtgrenze Medebach – Winterberg entlang. Weiter oben weist uns ein Wegweiser nach rechts hinauf zum Gipfel der **Alten Grimme 1** mit Gipfelkreuz und Schutzhütte. Auf einer Höhe von 751 m ü. NN genießen wir die herrliche Aussicht auf die bergige Landschaft der Winterberger Hochfläche und das tief im Tal unter uns liegende Elkeringhausen. Die Winterberger Hochtour führt uns nun etwas abenteuerlich an der Bergkante entlang hinunter

▶ *Am See in Elkeringhausen.*

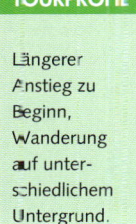

TOURPROFIL

Längerer Anstieg zu Beginn, Wanderung auf unterschiedlichem Untergrund.

9,0 km Länge

zur „Schönen Aussicht". Bis hierher geht es sehr steil bergab und knorrige, wettergezeichnete Krüppelbuchen begleiten uns. Die Markierung der Winterberger Hochtour führt hinunter zum Butterfeld und dann scharf nach links weiter zur **Zeche Elend** ❷. Eine Infotafel klärt uns über sie auf. Wir bleiben auf der Winterberger Hochtour und erreichen nach etwa 1,5 km das Orketal mit den Spuren der längst untergegangenen **Wernsdorfer Kirche** ❸. Die Grundmauern der alten Kirche wurden durch einen Erdhügel konserviert und werden auf einer Bronzetafel dargestellt. Man wandert weiter auf dem Weg talauf-

▶ *Blick über die Wiesen auf Elkeringhausen.*

wärts zur **Ehrenscheider Mühle** ❹.
Die Winterberger Hochtour verlässt
uns am Parkplatz scharf nach links,
wir wandern etwas zurück und
dann an der anderen Talseite am
Flusslauf der Orke leicht bergauf
nach Elkeringhausen. Mit einer
Einkehr in der nahen Orkeklause am
See beenden wir diese Tour.

ZECHE ELEND

Im Jahre 1865 erwarben vier Winterberger die Abbaurechte an einem
Bergwerk, um die darin vermuteten
Erzvorkommen abzubauen – doch die
wackeren Bergmänner mühten sich
vergebens, nur zwei Jahre später mussten sie ihre erfolglose Suche einstellen.

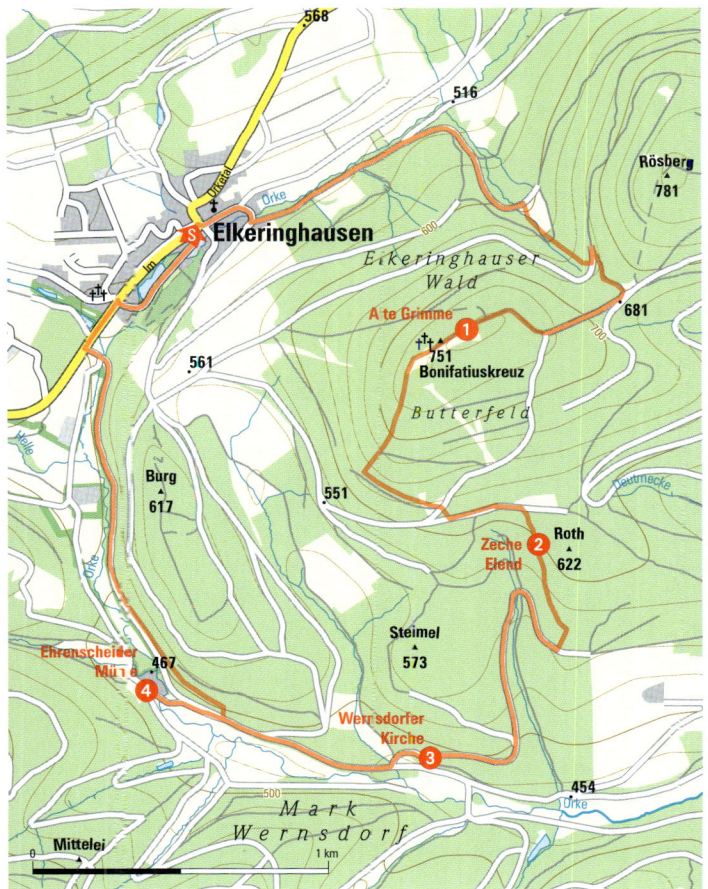

17 Durch das Uentroptal bei Fleckenberg

TOURINFO KOMPAKT

Anspruch:	Länge:	Dauer:	Höhendifferenz:
mittel	9,9 km	2:30 Std.	284 m

Durch das romantische Uentroptal mit seiner herrlichen Flusslandschaft und vielfältigen Flora geht es bei dieser Wanderung.

Ausrüstung: Feste Wanderschuhe, evtl. Verpflegung für unterwegs.

Anfahrt mit dem Auto: A45 bis zur Ausfahrt Olpe, weiter auf der B55 bis Fleckenberg.

Anfahrt mit dem Bus & Bahn: Mit dem Zug nach Olpe, weiter mit dem Bus

über Schmallenberg nach Fleckenberg.

Ausgangspunkt: Pfarrkirche St. Antonius in Fleckenberg, Schmallenberg 51° 8′ 8″ N 8° 15′ 40″ O

Einkehr: Diverse Einkehrmöglichkeiten in Schmallenberg.
Unsere Empfehlung:
Gasthof Hubertus · Latroperstraße 24 · 57392 Schmallenberg-Fleckenberg · Tel.: 0 29 72 / 50 77 · www.gasthof-hubertus.de, Wildgerichte und Fleisch aus eigener Schlachtung, tgl. geöffnet.

Diese Wanderung durch das Uentroptal beginnt an der **S** **Pfarrkirche St. Antonius** ❶ in Fleckenberg. Wir lassen diese hinter uns und gehen zweimal links in die Jagdhauser Straße. Nun überqueren wir den Fluss Latrop über eine Brücke und biegen kurz danach nach links ab. Der Weg verläuft parallel zum Flusslauf und erreicht bald einen **Naturlehrpfad** ❷. Hier trifft man auf die Markierung „X10". Wir folgen ihr nach rechts und kommen wieder zur Landstraße nach Jagdhaus. Die Route führt uns nun durch ein Wald- und Wiesengebiet nach Wulwesort. Die Geschichte dieses kleinen Weilers begann 1904,

nachdem General-Konsul Gustav H. Müller dort ein Jagdhaus errichtete. Hier biegen wir in einem spitzen Winkel nach rechts in das idyllische **Uentroptal** ❸ ab, bleiben bis Lenne im Talgrund und können dabei die wunderschöne Flusslandschaft mit der vielfältigen Flora genießen. In Lenne erwartet uns ein idyllischer Ortskern mit einigen schönen Fachwerkhäusern. Lenne ist mit der Goldplakette im Wettbewerb „Unser Dorf soll schöner werden" ausgezeichnet worden. An der alten Kirche wenden wir uns vor dem gleichnamigen Fluss talaufwärts nach rechts. Im oberen Lennetal, an der Mündung des kristallklaren

Latropbaches, kommen wir wieder nach Fleckenberg.

Zum Abschluss machen wir noch einen kleinen Rundgang. Schiefergedeckte Fachwerk- und Bauernhäuser mit farbig gestaltetem Schnitzwerk prägen das Ortsbild. Fleckenberg, bereits 1282 urkundlich erwähnt, zählt zu den schönsten Orten des Sauerlandes und wurde 1977 im Wettbewerb „Unser Dorf soll schöner werden" Landessieger in Gold und anschließend Bundesgolddorf. Hier hat man die Möglichkeit, sich in einer der zahlreichen Restaurants oder Cafés zu stärken und sich von der langen Wanderung zu erholen.

Anschließend lohnt sich hier auch ein Besuch in der Besteckfabrik.

WALDSKULPTURENWEG

Seit dem Jahr 2000 führt der Waldskulpturenweg auch Kunstbegeisterte in die freie Natur. Auf 23 km zwischen Bad Berleburg und Schmallenberg haben international bekannte Künstler ihre Werke am Wegesrand ausgestellt.
www.waldskulpturenweg.de

TOURPROFIL

Kurzer Anstieg, langer Abstieg auf guten Wegen.

18 Vom Rhein-Weser-Turm auf den Härdler

TOURINFO KOMPAKT

Anspruch:	Länge:	Dauer:	Höhendifferenz:
mittel	11,8 km	4:00 Std.	316 m

Die Wanderung vom Rhein-Weser-Turm führt uns zum Härdler, einem 755 m ü. NN hohen Berggipfel, von dem wir einen großartigen Ausblick auf die Umgebung haben. Naturdenkmäler und veträumte Dörfer begleiten unseren Weg.

Ausrüstung: Feste Wanderschuhe, Sonnenschutz.

Anfahrt mit dem Auto: A4 bis zur Ausfahrt Krombach, weiter auf der B54/B517 nach Kirchhundem.

Ausgangspunkt: Wanderparkplatz am Rhein-Weser-Turm bei Kirchhundem
51° 4' 21" N 8° 11' 55" O

Einkehr: Diverse Gasthäuser in Kirchhundem und Umgebung.
Unsere Empfehlung:
Rhein-Weser-Turm · Rhein-Weser-Turm 2 · 57399 Kirchhundem · Tel.: 0 27 23 / 7 22 42 · www.rhein-weser-turm.de, deftige Mahlzeiten zu fairen Preisen, Bratkartoffeln, Strammer Max und Co., Salatbuffet, Kaffee und Kuchen, tgl. geöffnet.

Ausgangspunkt unserer Tour ist der 🅂 Parkplatz am **Rhein-Weser-Turm** ❶. Vorbei am Turm bzw. über den Westerberg verläuft ein Abschnitt der Rhein-Weser-Wasserscheide: Das Wasser aller Fließgewässer, die vom Westerberg in nordwestliche Richtungen fließen, erreicht über Rinsecke, Hundem, Lenne und Ruhr den Rhein; alle Bäche, die dagegen in südöstliche Richtungen verlaufen, wie der rund 750 m südwestlich des Turms entspringende Schwarzbach, münden über Röspe, Eder und Fulda in die Weser. Von der Aussichtsplattform des Rhein-Weser-Turms bietet sich auf knapp 704 m ü. NN ein großartiges Panorama über Teile des Rothaargebirge-Hauptkammes und des Sauerlandes. Wer möchte, kann von hier oben aus schon einmal die Wanderung in Augenschein nehmen. Zuerst schlängelt sich unsere Route auf dem mit einem

STICKEREIMUSEUM OBERHUNDEM

In einem sehenswerten Fachwerkhaus von 1685 präsentiert dieses Museum ebenso interessante wie detaillierte Stickmustertücher. Das Highlight ist ein neun Meter langes Musterband aus dem Jahre 1905, das die Techniken Sticken, Nähen, Häkeln und Stricken kombiniert. www.imbilde-rahmen.de

▶ *Aussicht vom Rhein-Weser-Turm in Richtung Hundem-Lennetal.*

„liegenden R auf rotem Hintergrund" markierten Rothaarsteig zwischen dem Stengen- und dem Elsenberg hindurch. Nachdem wir eine breitere Straße gequert haben, eröffnen sich uns herrliche Ausblicke auf die umliegende Landschaft. An der nächsten Wegspinne halten wir uns rechts und folgen dann dem Rothaarsteig wieder nach links. So erreicht man schließlich den **Margaretenstein** ❷. Dort machen wir auf dem Weg mit der Markierung „X6" einen Abstecher zum 756 m hohen **Härdler** ❸. An diesem stark bewaldeten Berg entspringen mehrere Fließgewässer, wie Drommecke, Somborn und Stämmer

TOURPROFIL

Wanderung auf angenehmem Untergrund.

— 11,8 km Länge

Siepen. Zurück am Margaretenstein weist uns das Wanderzeichen „X6" den Weg zur **Wiggequelle** ❹. Ein kurzes Stück hinter der Quelle trifft man wieder auf die Markierung des Rothaarsteiges und folgt ihr nach rechts. An der nächsten Kreuzung biegen wir nicht nach links auf unseren Hinweg ab, sondern wandern weiter geradeaus auf dem Weg mit der Markierung „A1".

Wenig später kommt man so zum Naturdenkmal **Oberhundemer Klippen** ❺. Der Weg „A1" führt uns zurück zum Ausgangspunkt, dem Rhein-Weser-Turm. Ursprünglich war eine Schutzhütte für Waldar-

beiter, Kirchgänger, Wanderer und Skifahrer unweit der kurz vorher errichteten Skisprungschanze gedacht. Doch es entwickelte sich rasch die Idee zur Errichtung eines Aussichtsturmes. Das Bauwerk wurde schließlich 1932 im Rahmen einer Arbeitsbeschaffungsmaßnahme in nur 77 Tagen Bauzeit aus Holz errichtet. Nach der Zerstörung im Zweiten Weltkrieg wurde der Turm nach und nach wieder renoviert und ist heute in Privatbesitz. Am Rhein-Weser-Turm gibt es zwei Gastronomie- und Beherbergungsbetriebe, in denen wir die Tour bei sauerländischen Spezialitäten ausklingen lassen können.

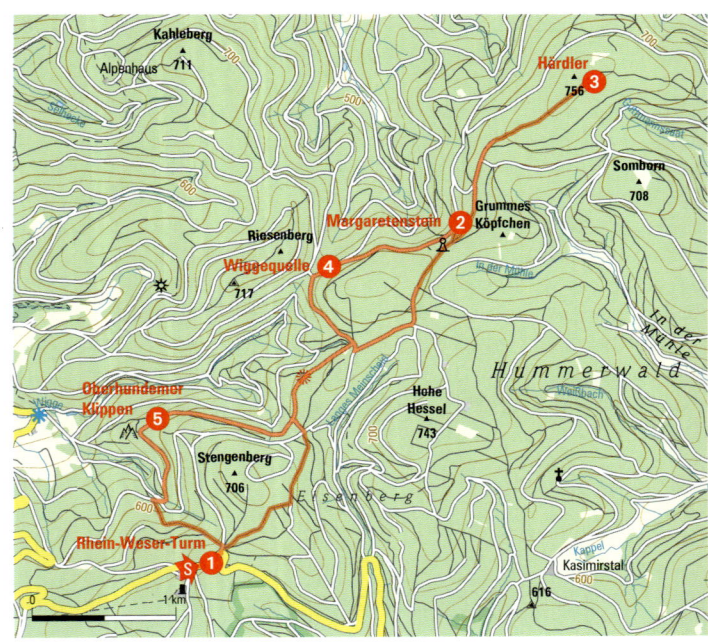

▶ *Der Rheir - Weser - Turm.*

19 Biggesee und Waldenburg

TOURINFO KOMPAKT

Anspruch:	Länge:	Dauer:	Höhendifferenz:
mittel	13,2 km	4:00 Std.	363 m

Der künstlich geschaffene Biggesee ist eines der bedeutendsten Wassersportzentren im Sauerland. Durch reizvolle Landschaften erwandern wir das am Ufer gelegene Vogel- und Naturschutzgebiet Gilberg und bestaunen bald darauf die Ruine Waldenburg.

Ausrüstung: Feste Wanderschuhe, Sonnenschutz, evtl. Badesachen für eine Badepause.

Anfahrt mit dem Auto: A45 bis zur Ausfahrt Olpe, weiter nach Attendorn.

Anfahrt mit Bus & Bahn: Mit dem Zug nach Attendorn.

Ausgangspunkt: Strandbad Waldenburg in Attendorn
51° 6' 41" N 7° 54' 9" O

Einkehr: Restaurants in Attendorn. Unsere Empfehlung: Harnischmachers Milchbar · Alter Markt 2 · 57439 Attendorn · Tel.: 0 27 22 / 5 14 50 · www. harnisch-machers-milchbar.de, herzhafte Burger und Eis, täglich geöffnet.

Das **S** **Strandbad Waldenburger Bucht ❶** ist Ausgangspunkt unserer Wanderung. Dort halten wir uns links und wandern in Richtung Ufer. Nun führt uns der Weg direkt am Biggesee entlang und dabei sieht man am gegenüberliegenden Ufer den Biggedamm mit seinem Wahrzeichen, dem „Leuchtturm am Biggedamm" (Auf dem Rückweg bietet sich hier eine Stärkung an. Die Kleinbahn Biggolino bringt uns vom Strandbad Waldenburg zum Biggedamm und zurück). Wir wandern weiter und genießen schon bald den Blick auf die **Vogelschutzinsel „Gilberg" ❷**, die mitten im See liegt. Für verschie-

dene Wasservögel ist die Insel ein Nahrungs- und Durchzugsbiotop. Im Fichtenwald brütet eine große Kolonie von Graureihern. Wegen der dort brütenden und rastenden Vögel wird die Insel im Volksmund einfach Vogelinsel genannt. Um die Tiere ungestört zu lassen, wird sie von den Ausflugsschiffen nicht angesteuert.

Etwas weiter ragt am gegenüberliegenden Ufer eine architektonische Besonderheit hervor, die Doppelstockbrücke. Über zwei Ebenen werden die Schienen- und der Straßenverkehr geführt.

Wenig später kommen wir zur Landzunge bei Haardt, umrunden

diese und wenden uns dann wieder landeinwärts in Richtung Bremge. Den Ort passiert man auf der linken Seite. Der Weg führt dabei etwa 100 m an der Landesstraße entlang, bevor man nach links abbiegt. Haben wir die Anhöhe erklommen, sehen wir vor uns schon das Dorf Bürberg. Die Route führt uns durch das kleine Dorf. Nachdem wir es verlassen haben, halten wir uns links und orientieren uns dabei am „E", der Markierung des Biggesee-Rundweges. Der Weg führt uns

▶ *Blick über den Biggesee.*

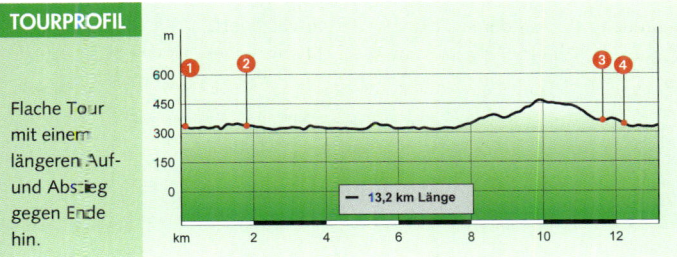

TOURPROFIL

Flache Tour mit einem längeren Auf- und Abstieg gegen Ende hin.

m

600
450
300
150
0

① **②** **③** **④**

— 13,2 km Länge

km   2   4   6   8   10   12

direkt bergab in Richtung Waldenburg. Der See liegt nun linker Hand von uns im Tal. Um die **Ruine Waldenburg** ❸ zu besuchen, machen wir vor der Schranke am Ende des Wanderweges einen Abstecher nach links. Die Burg ist wahrscheinlich um das Jahr 1000 entstanden. Ihr Name deutet den ehemaligen Standort in dichtem Waldgebiet an. Im Mittelalter rodeten Bauern das Land und machten es urbar. Unterhalb sehen wir jetzt auch die **Kapelle Waldenburg** ❹. Im 11. Jh. wurde die erste Kapelle in der Waldenburg erbaut, die aber dann einem Brand zum Opfer fiel. Ein Neubau wurde am Ufer errichtet,

▶ *Idyllische Rast beim Wandern an der Kapelle Waldenburg.*

170

welcher dann dem Biggetalsperrenbau 1965 weichen musste und schließlich am jetzigen Standort weiter oberhalb wieder aufgebaut wurde. Schon seit dem 18. Jh. ist die Kapelle ein beliebter Marienwallfahrtsort. Von der Kapelle aus wandern wir auf dem Uferweg zum Ausgangspunkt zurück.

FAKTEN ZUM BIGGESEE

· Westfalens größter Talsperrensee
· Baujahre 1957–1965
· 700 Hektar Land sind überstaut
· 2.600 Menschen wurden evakuiert
· Wasserreservoir für das Ruhrgebiet
· Touristenmagnet der Region
· beliebtes Naherholungsgebiet

20 Nordhelle und Fürwiggetalsperre

TOURINFO KOMPAKT

Anspruch:	Länge:	Dauer:	Höhendifferenz:
schwer	15,4 km	4:30 Std.	386 m

Wir lernen bei dieser Wanderung die großartige Naturlandschaft des Ebbegebirges kennen.

Ausrüstung: Feste Wanderschuhe, Sonnenschutz, Verpflegung.

Anfahrt mit dem Auto: A45 bis zur Ausfahrt Meinerzhagen, weiter nach Valbert und auf der Ebbestraße zum Wanderparkplatz Nordhelle.

Anfahrt mit Bus & Bahn: Mit dem Zug nach Marienheide oder Brügge, weiter mit dem Bus nach Meinerzhagen/Valbert und zu Fuß zum Ausgangspunkt.

Ausgangspunkt: Wanderparkplatz Nr. 6 Nordhelle bei Valbert 51° 8′ 33″ N 7° 44′ 46″ O

Einkehr: Gasthäuser in der Umgebung. Unsere Empfehlung: Wirtshaus in der Altstadt · Derschlager Straße 15 · 58540 Meinerzhagen · Tel.: 0 23 54 / 1 20 83, www.wirtshaus-meinerzhagen.de, mediterrane und internationale Küche, Mo Ruhetag.

▶ *Herbst an der Fürwiggetalsperre.*

► *Herrliche Ausblicke auf die Hügellandschaft des Ebbegebirges.*

Zu diese Rundwanderung durch die Mischwälder des Ebbegebirges startet man am ⓢ Wanderparkplatz Nr. 6 an der Ebbestraße nördlich von Valbert.

Etwas nördlich des Parkplatzes machen wir rechter Hand einen Abstecher zur **Nordhelle** ❶ hinauf. Sie ist mit einer Höhe von 663 m ü. NN der höchste Berg des Ebbege-

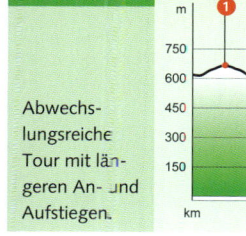

TOURPROFIL

Abwechslungsreiche Tour mit längeren An- und Aufstiegen.

birges im westlichen Sauerland. Am Gipfel befindet sich neben einem Fernseh- und Mobilfunkturm der Robert-Kolb-Turm, der mit seinen 18 m eine großartige Sicht auf die umliegende Landschaft ermöglicht. Direkt am Robert-Kolb-Turm steht auch die Hütte des Sauerländischen Gebirgsvereines, Abteilung Herscheid, die ganzjährig bewirtschaftet ist.

Nachdem wir uns gestärkt und die Aussicht genossen haben, gehen wir zurück zur Ebbestraße. Auf der anderen Straßenseite beginnt der Höhweg, dem man ein Stück über den Kamm folgt.

Nach rund 1 km erreichen wir rechts den Wanderweg mit dem Wegezeichen „zwei weiße, waagerechte Balken", folgen diesem und treffen bald auf den Märzenbecherweg. Nun hält man sich links und biegt anschließend nach rechts ab. Es

geht nun steil bergab zum Märzenbechergrund, den wir aber weit rechts unter uns liegen lassen.

An der nächsten Weggabelung zweigt der gekennzeichnete Weg nach rechts ab. Wir gehen jedoch geradeaus weiter und erreichen nach etwa 1 km den Rundwanderweg um die Fürwigge mit dem Wanderzeichen „weißes Viereck". Von hier genießt man die herrliche Aussicht auf die Ortschaften Hervel und Becke sowie auf die Nordhelle mit dem Fernsehturm.

Wir überqueren die Straße oberhalb von Rollsiepen, erreichen anschließend Mettgenberg und die **Staumauer** ❷ der Fürwiggetalsperre. Diese wurde von 1902 bis 1904 gebaut und ist mit einer Höhenlage von 439 m ü. NN die am höchsten gelegene Talsperre im ganzen Sauerland. Die Talsperre dient hauptsächlich der Trinkwasserversorgung

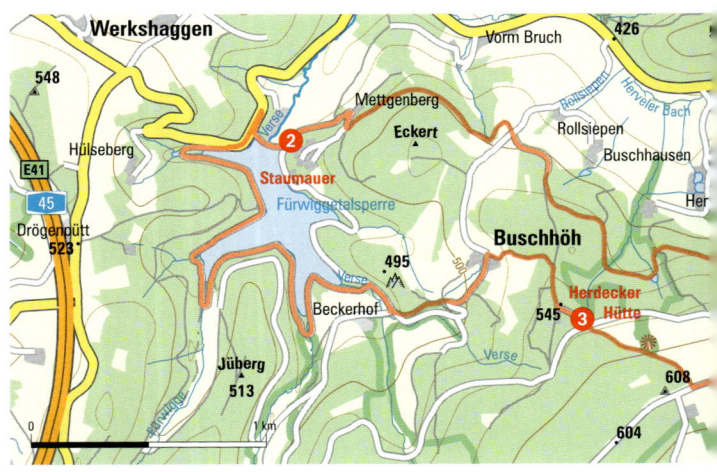

des nahe gelegen Ruhrgebiets, wird gleichzeitig jedoch auch als Naherholungsgebiet genutzt. Fünf Bäche fließen in den See, in jeder größeren Bucht einer.

Nun geht es auf dem Robert-Kolb-Weg gegen den Uhrzeigersinn um den Stausee. Robert Kolb war zu Beginn des 20. Jh. für die Schaffung eines Wanderwegenetzes im Sauerland verantwortlich. In der zweiten Bucht queren wir die Fürwigge, die Namensgeberin des Stausees. An der Südostbucht überquert man die Verse und verlässt rechter Hand auf dem Robert-Kolb-Weg („X6") die Fürwiggetalsperre. An der nächsten Weggabelung halten wir uns links und folgen der Markierung „weißes Viereck" aufwärts nach Buschhöh. Danach wandert man rechts und an der unbewirtschafteten **Herdecker Hütte** ❸ vorbei, überquert im Anschluss den

Märzerbecherweg und steigt zum Höhweg, einem Forstweg, hinauf. Der Aufstieg wird mit schönen Aus- und Fernblicken belohnt.

Wir halten uns dann links und erreichen nach etwa 600 m eine **Schutzhütte** ❹. Links an der Schutzhütte vorbei, wandert man auf dem Höhweg zum Ausgangspunkt der Wanderung zurück.

FAUNA IM EBBEGEBIRGE

Seit mehr als 20 Jahren bemühen sich die privaten Waldeigentümer und Forstbehörden, den Laubwaldanteil im Naturpark Ebbegebirge zu erhöhen. Mit Erfolg, denn damit nimmt die Tiervielfalt zu. Im grünen Dickicht ist der seltene Schwarzstorch wieder heimisch geworden, nachts geht der Uhu auf Beutezug. Auch der Feuersalamander findet in den Feuchtgebieten des Parks Unterschlupf.

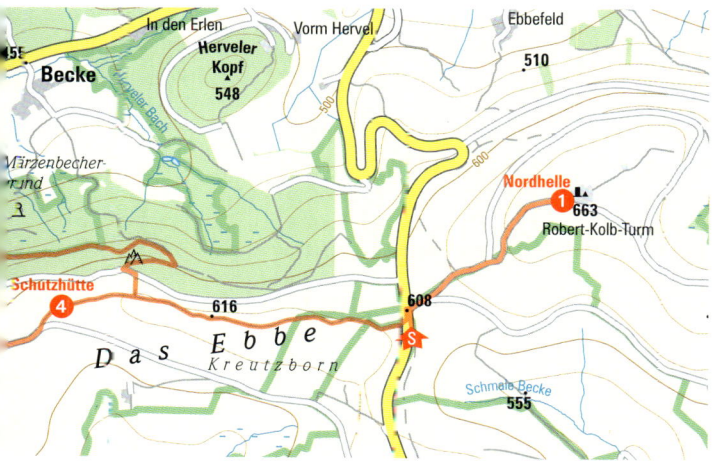

21 Schloss Hohenlimburg und Burg Altena

TOURINFO KOMPAKT

Anspruch:	Länge:	Dauer:	Höhendifferenz:
mittel	14,2 km	3:15 Std.	490 m

Von Schloss Hohenlimburg wandern wir durch das Märkische Sauerland zur Burg Altena, die die älteste Jugendherberge der Welt beheimatet.

Ausrüstung: Feste Wanderschuhe, Sonnenschutz, Getränke und Verpflegung für unterwegs.

Anfahrt mit dem Auto: A46 bis zur Ausfahrt Hagen-Hohenlimburg, weiter nach Hohenlimburg.

Anfahrt mit Bus & Bahn: Mit dem Zug nach Hohenlimburg.

Ausgangspunkt: Schloss Hohenlimburg 51° 20' 40" N · 7° 34' 11" O

Einkehr: Verschiedene Lokale in Hohenlimburg und Umgebung. Unsere Empfehlung: Café-Restaurant Journal · Langenkampstraße 1 · 58119 Hagen-Hohenlimburg · Tel.: 0 23 34 / 22 43 · www. cafe-restaurant-journal.de, Schnelle Küche vom Strammen Max bis zur Riesencurrywurst, Auswahl an Torten aus eigener Herstellung, ab 8 Uhr (Sa und So ab 8:30 Uhr) reichhaltiges Frühstücksangebot, täglich geöffnet.

Zu dieser Tour starten wir am romantischen **S** **Schloss Hohenlimburg** ❶. Dies ist die einzige mittelalterliche Höhenburg in ganz Westfalen, die weitgehend im Ursprungszustand erhalten ist. Schloss Hohenlimburg wurde im Jahr 1240 erbaut. Es lohnt sich, eine Führung durch die historischen Gemäuer sowie einen Rundgang durch den barocken Höhengarten zu machen – man erhält einen spannenden Einblick in die Geschichte und das einstige Leben in der Festung. Nach dem Schlossbesuch orientiert man sich an den Parkplätzen in südliche Richtung. Auf dem Eselweg

geht es nun durch den Wald leicht bergab. Kurz nachdem wir die ehemalige Wallburg Siebengräben passiert haben, teilt sich der Weg. Wir nehmen den linken, um nach Nahmer im Nahmerbachtal zu kommen. Dort durchwandert man die lang gestreckte Siedlung in südliche Richtung und biegt am Ortsende links in die Straße Lahmen Hasen ein. Im Schatten der Bäume steigen wir weiter bergauf und verlassen etwa 550 m hinter der Bachbrücke die Straße Lahmen Hasen nach rechts. Ein schmaler Wanderweg führt uns nun hinauf nach Kaltenborn.

▶ *Abendliche Stimmung im Burghof Altena.*

TOURPROFIL

Lange Tour auf unterschiedlichem Untergrund mit einem Höhenunterschied von rund 500 m.

— 14,2 km Länge

Von dort geht es über Wiesen und Felder zunächst nach Herlsen und dann weiter nach Wiblingwerde. Wiblingwerde liegt auf den Höhen des Lennegebirges und ist geprägt vom engen Tal der Lenne. Hier lohnt es sich, einen Blick ins Innere der **Johanneskirche ❷** zu werfen, die aus dem 13. Jh. stammt. Anschließend verlassen wir die Ortschaft auf der Lüdenscheider Straße. Nachdem man die Landesstraße überquert hat, beginnt der Abstieg, bei dem man immer wieder herrliche Ausblicke auf die umliegende, hügelige Landschaft genießen kann. Kurz hinter Sassenscheid folgt man an der Weggabelung dem rechten Weg. Dieser mündet bei Neusassenscheid in einen schmalen Pfad, der entlang der Hänge des 349 m ü. NN hohen Papenberges hinab nach Knerling, einem Ortsteil der Stadt Altena, führt. Dort orientieren wir uns zunächst am Ufer der Lenne in Richtung Osten, wechseln auf der Linscheid-Brücke an das andere Ufer und wandern entlang der Linscheidstraße in Richtung Süden, immer den Burgberg im Blick. Am Fuße des Klusenberges, auch Burgberg genannt, nimmt der Burgweg seinen Anfang, er bringt uns in Serpentinen hinauf zur **Burg Altena ❸**. Sie ist eine Höhenburg und wurde der Legende nach Anfang des 12. Jh. von dem Grafen von Berg errichtet. 1912 wurde hier die erste ständige Jugendherberge der Welt eingerichtet, womit durch den Initiator, den

Lehrer Richard Schirrmann, auch das Jugendherbergswerk begründet wurde. Der besonderen Atmosphäre wird durch spezielle Veranstaltungen wie eine Hexennacht oder Mittelaltermärkte regelmäßig Rechnung getragen. Wer nicht in diesen historischen Gemäuern übernachten möchte, nimmt den Zug zurück nach Hohenlimburg, der auch am Wochenende mindestens stündlich verkehrt. Die Fahrt dauert etwa eine Viertelstunde.

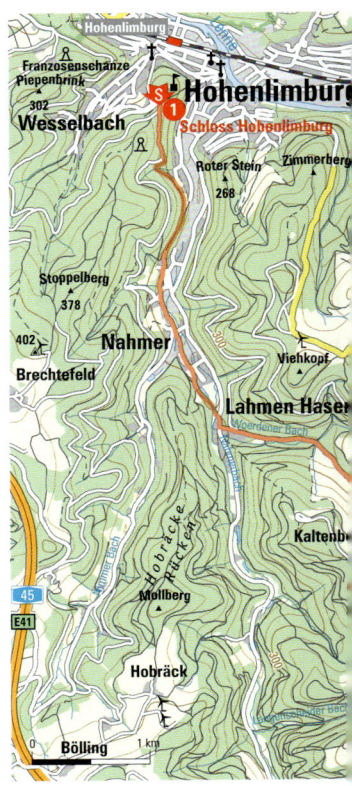

▶ *Burg Altena – die erste Jugendherberge der Welt.*

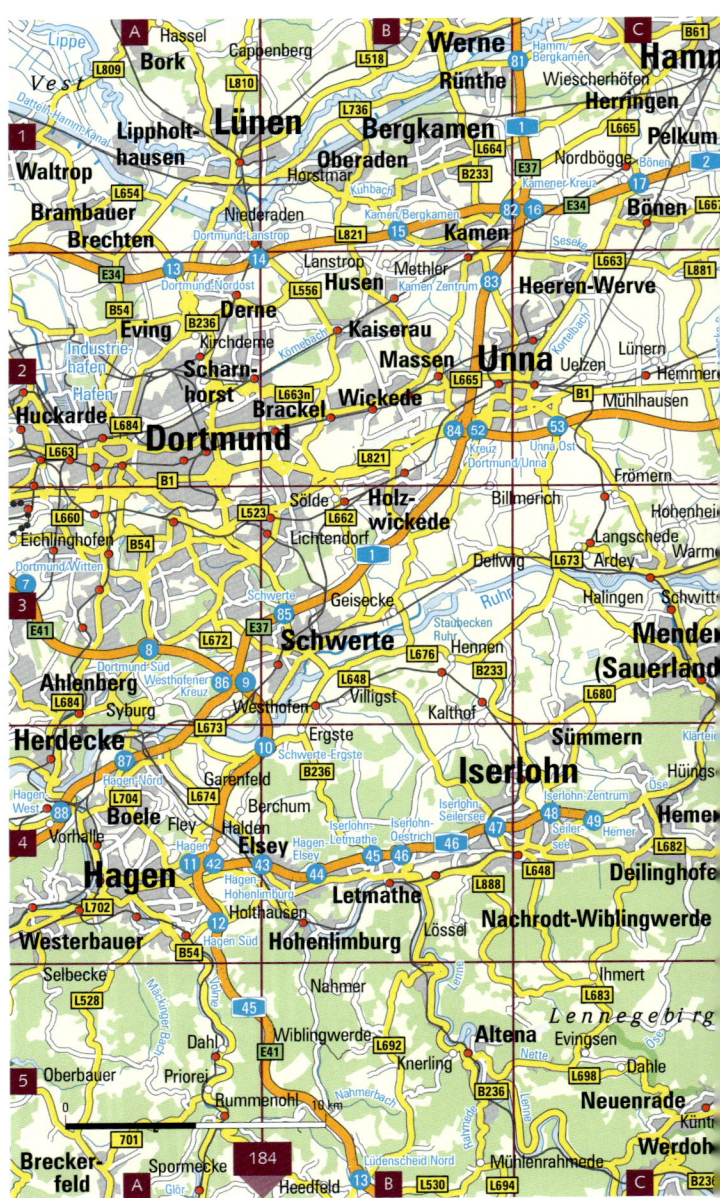

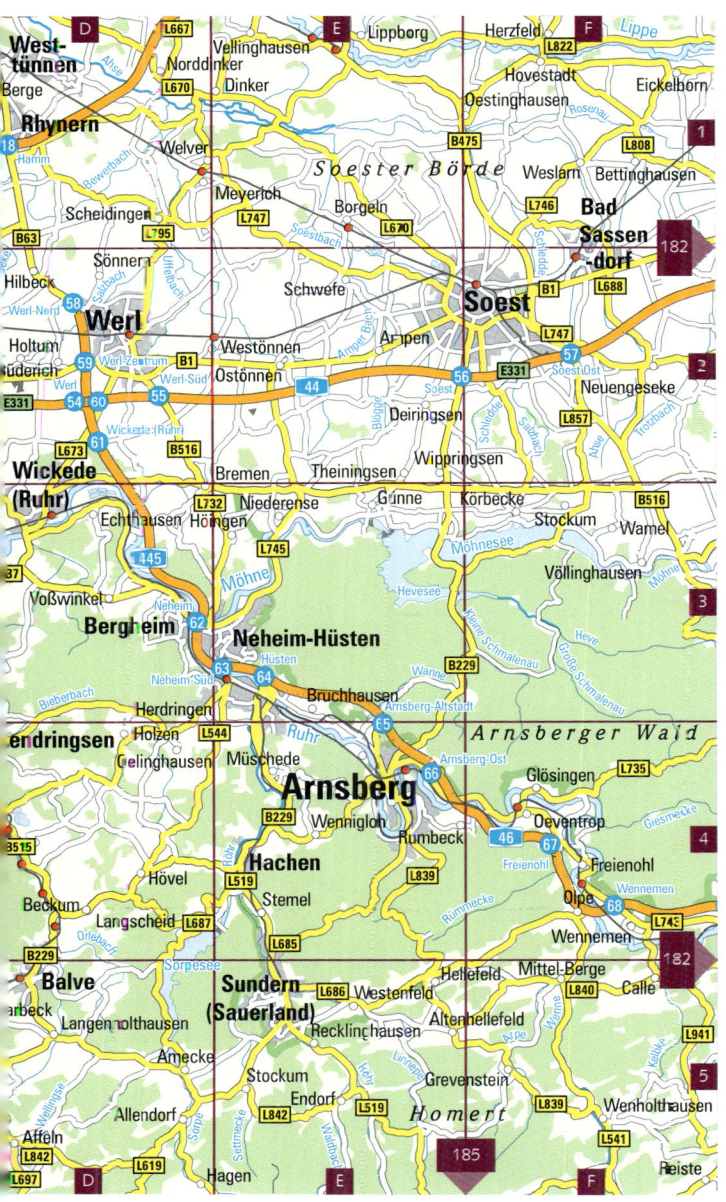

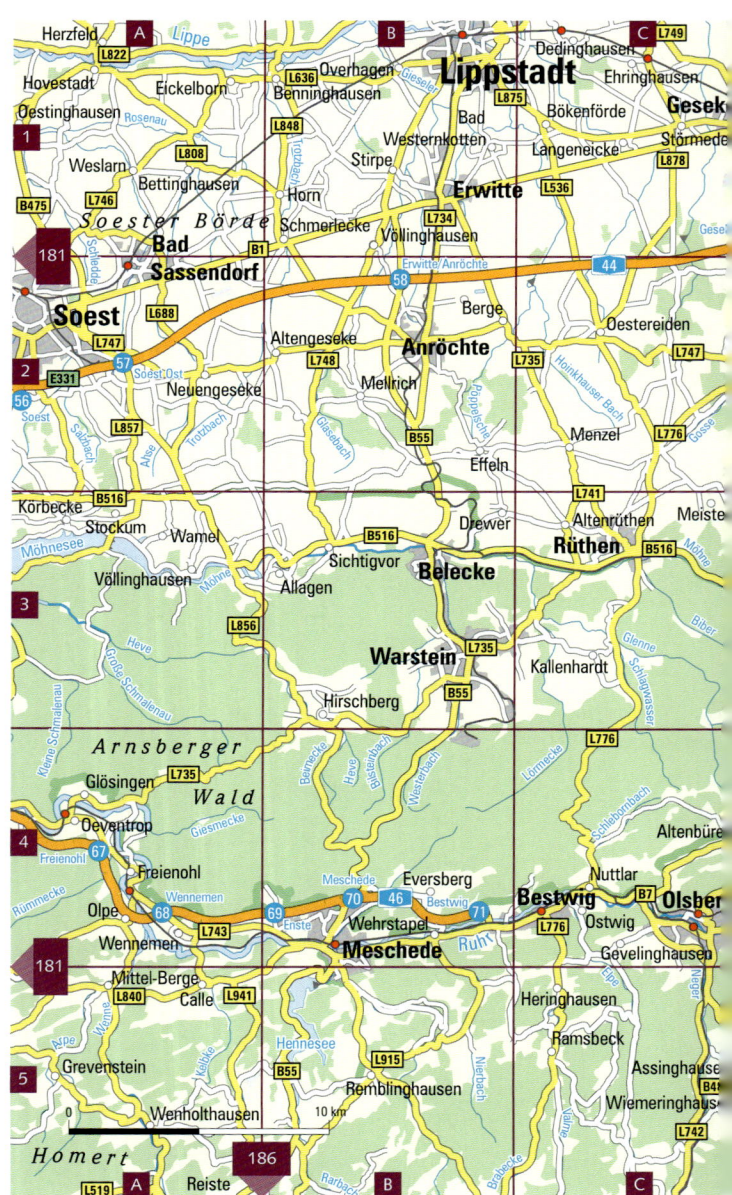

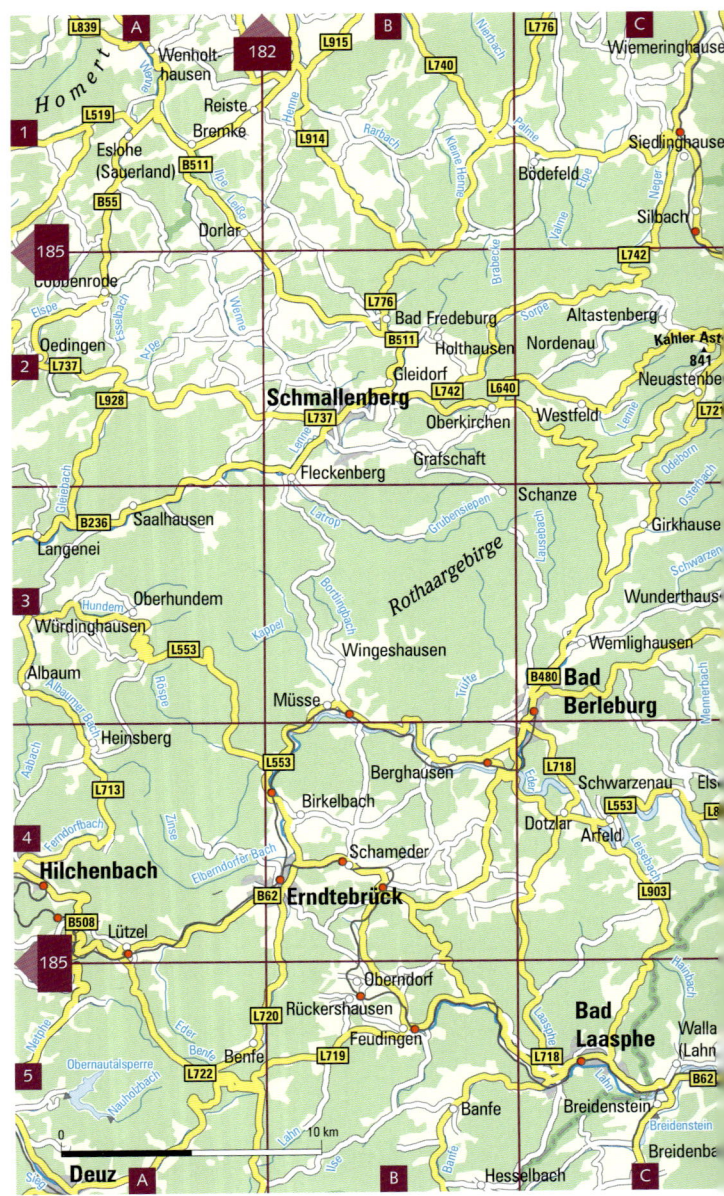

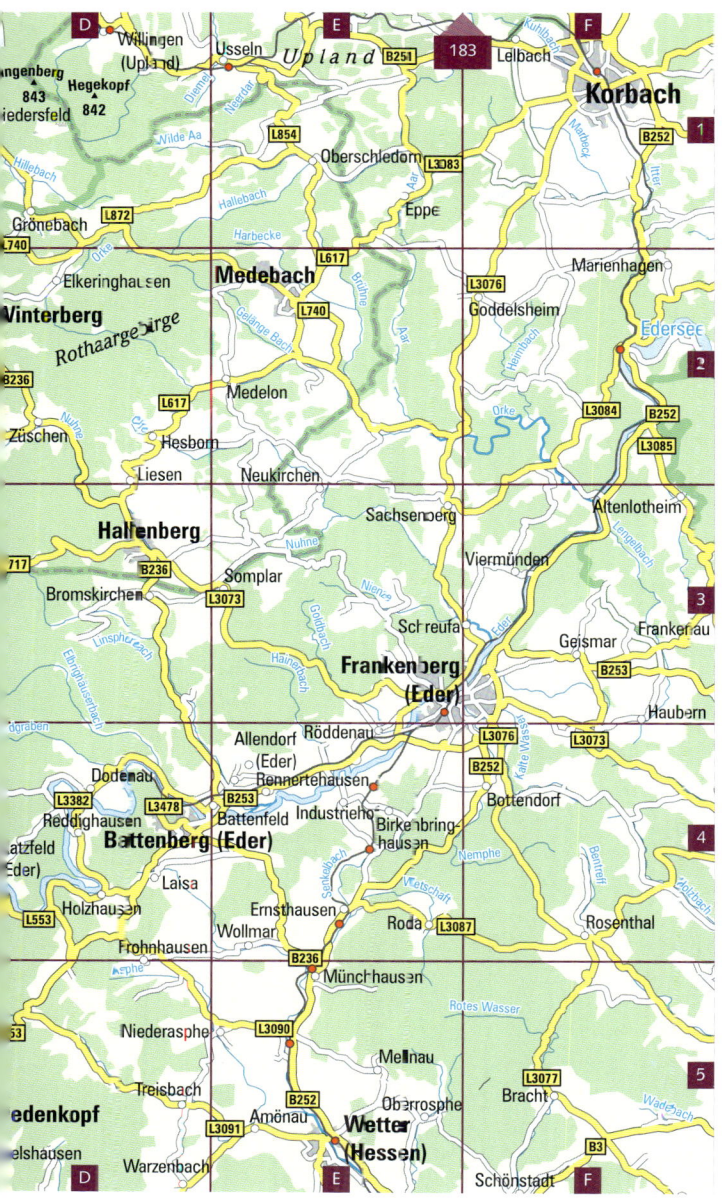

PUBLICPRESS – Die Karten mit der Sonne

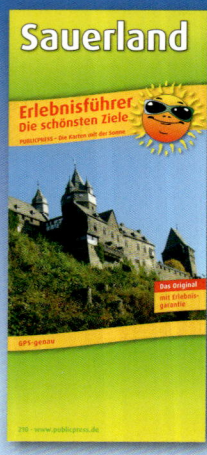

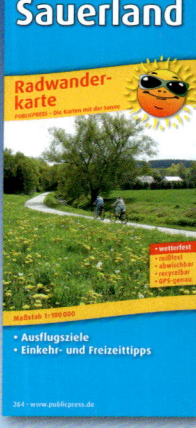

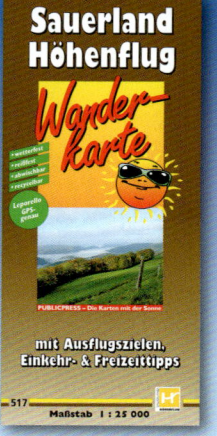

ISBN 978-3-89920-210-6
€ 2,95

ISBN 978-3-89920-264-3
€ 4,95

ISBN 978-3-89920-517-6
€ 8,95

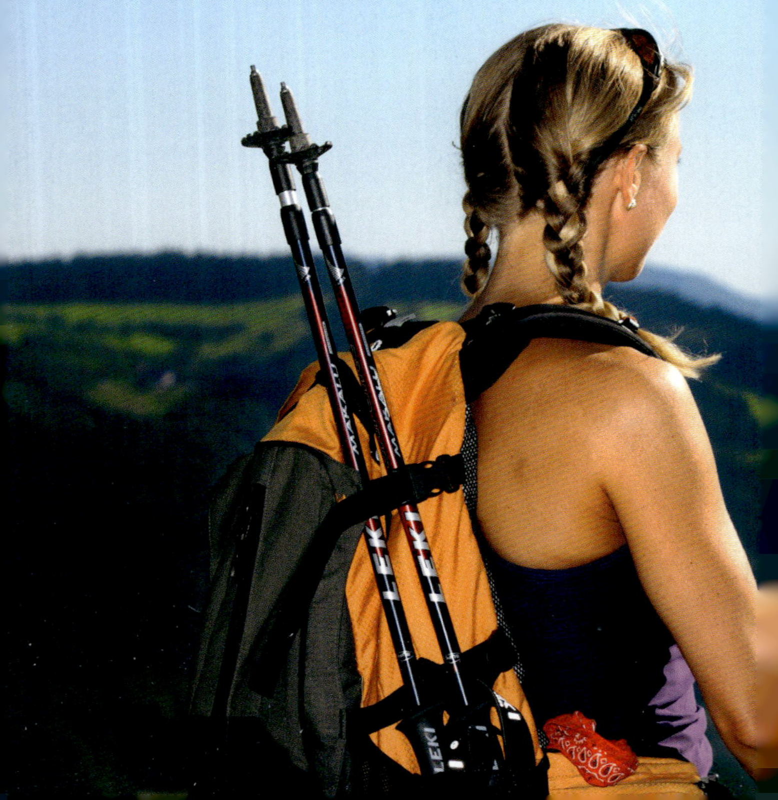

Richtungsweisend!

Ihre Karten für die Region!

Erlebnisführer

Kulturschätze Sauerland	ISBN 978-3-89920-212-0	€ 2,95
Rhein & Ruhr	ISBN 978-3-89920-010-2	€ 2,95
Waldecker Land und Kasseler Land	ISBN 978-3-89920-005-8	€ 2,95

Wanderkarten

Altastenberg	ISBN 978-3-89920-556-5	€ 2,45
Bestwig	ISBN 978-3-89920-573-2	€ 4,95
Diemelsee / Diemelsteig	ISBN 978-3-89920-291-5	€ 4,95
Eslohe und Umgebung	ISBN 978-3-89920-125-3	€ 4,95
Freienohl – Berge – Grevenstein	ISBN 978-3-89920-571-8	€ 4,95
Medebach	ISBN 978-3-89920-156-7	€ 4,95
Meschede	ISBN 978-3-89920-572-5	€ 4,95
Niedersfeld	ISBN 978-3-89920-124-6	€ 4,95
Olsberg	ISBN 978-3-89920-134-5	€ 4,95
Rothaarsteig (Leporello)	ISBN 978-3-89920-438-4	€ 8,95
Schmallenberger Sauerland	ISBN 978-3-89920-492-6	€ 4,95
Südöstliches Hochsauerland	ISBN 978-3-89920-197-0	€ 4,95
Willingen / Uplandsteig	ISBN 978-3-89920-418-6	€ 4,95
Winterberg	ISBN 978-3-89920-655-5	€ 4,95

Radwanderkarten

Kaiser-Route (Leporello)	ISBN 978-3-89920-248-9	€ 8,95
Ruhrtal-Radweg (Leporello)	ISBN 978-3-89920-247-2	€ 6,95
Zwischen Biggesee und Lenne	ISBN 978-3-89920-449-0	€ 4,95

Mehr als 500 Kartentitel finden Sie im Buchhandel, in Tourist-Infos und unter **www.publicpress.de**

Bildnachweis

Titelbild: Sauerland-Hügellandschaft
Foto: Sauerland Tourismus e. V.

IMPRESSUM

© 2011 PUBLICPRESS Publikationsgesellschaft mbH, Geseke
ALPSTEIN Tourismus GmbH & Co. KG, Immenstadt

Projektleitung: Heinz Nettsträter, Felix Schädler
Autorin: Sandra Fischer
Redaktion: Sandra Olschewski, Jan Otten,
PUBLICPRESS Publikationsgesellschaft mbH
Thilo Kreier, Cornelia Grömminger, ALPSTEIN Tourismus GmbH & Co. KG
Kartographie/Copyright: ALPSTEIN Tourismus GmbH & Co. KG
Kartengrundlage: Geoinformationen © BKG und Vermessungsverwaltungen
der Bundesländer (www.bkg.bund.de)
Bildnachweis: Seite 191
Gestaltung: Ingo Mrozek, PUBLICPRESS Publikationsgesellschaft mbH

Der Reiseführer Sauerland ist eine Gemeinschaftsproduktion der PUBLIC-
PRESS Publikationsgesellschaft mbH, 59590 Geseke und der ALPSTEIN
Tourismus GmbH & Co. KG, 87509 Immenstadt.

Alle Angaben dieses Reiseführers wurden von der Autorin und den Redak-
tionen mit größter Sorgfalt recherchiert, aktualisiert und überprüft. Für die
Richtigkeit der Angaben kann jedoch keine Verpflichtung oder Haftung
übernommen werden. Wir weisen darauf hin, dass diese Angaben häufig
Veränderungen unterworfen sind und inhaltliche Fehler oder Auslassungen
nicht vollkommen auszuschließen sind.

Liebe Leserinnen, liebe Leser,
haben Sie Ergänzungen, Tipps oder Verbesserungsvorschläge zu diesem
Buch? Dann schreiben Sie uns bitte:
PUBLICPRESS Publikationsgesellschaft mbH,
Redaktion, Mühlenstraße 11, 59590 Geseke
Internet: www.publicpress.de, E-Mail: reisefuehrer@publicpress.de
Printed in Germany
1. Auflage 2011, ISBN 978-3-89920-993-8

Interessenten für Anzeigen wenden sich bitte an: PUBLICPRESS Publikationsgesellschaft mbH, Tel. 0 29 42 / 9 88 70-16, info@publicpress.de